中外文**稀有版本**文献

《工资、价格和利润》

①

德 文 版

【德】卡尔·马克思 ◎ 著

中央编译出版社

图书在版编目 (CIP) 数据

《工资、价格和利润》中外文稀有版本文献 : 汉文、英文、德文 /（德）马克思著 ; 李季等译 . —北京 : 中央编译出版社, 2023.2

ISBN 978-7-5117-4220-9

Ⅰ . ①工… Ⅱ . ①马… ②李… Ⅲ . ①《工资、价格和利润》- 汉、英、德 Ⅳ . ① A123

中国版本图书馆 CIP 数据核字 (2022) 第 140002 号

《工资、价格和利润》中外文稀有版本文献

策划统筹	张远航
责任编辑	郑永杰　周雪凝
责任印制	刘　慧
出版发行	中央编译出版社
地　　址	北京市海淀区北四环西路 69 号 (100080)
电　　话	(010) 55627391 (总编室)　　(010) 55627312 (编辑室) (010) 55627320 (发行)　　　 (010) 55627377 (网站)
经　　销	全国新华书店
印　　刷	北京文昌阁彩色印刷有限责任公司
开　　本	710 毫米 ×1000 毫米　1/16
字　　数	653 千字
印　　张	47.25
版　　次	2023 年 2 月第 1 版
印　　次	2023 年 2 月第 1 次印刷
定　　价	1780.00 元（全 7 册）

新浪微博：@ 中央编译出版社　微　信：中央编译出版社（ID：cctphome）
淘宝店铺：中央编译出版社直销店（http：//shop108367160.taobao.com）
　　　　　(010) 55627331

本社常年法律顾问：北京市吴栾赵阎律师事务所律师　闫　军　梁　勤
凡有印装质量问题，本社负责调换。电话：(010) 55626985

《工资、价格和利润》的出版与传播
（代序）

一　国外主要版本和传播情况

《工资、价格和利润》最初是马克思于1865年6月20日和27日在国际工人协会中央委员会会议上用英语作的报告。目前保存下来的报告稿是马克思的手稿，没有标题，开头写有："1865年6月20日星期二向中央委员会宣读"，全文由作者分为十四节。1898年，报告由马克思的女儿爱琳娜·马克思-艾威林以《工资、价格和利润》为标题在伦敦发表，并附有爱琳娜的丈夫爱德华·艾威林写的序言。在序言中，他将这部著作称为《资本论》第1卷的浓缩版，并且当时该文的德文版翻译已经完成。其中，引言和前六节在手稿中没有标题，出版时所用的标题是由爱琳娜加上的。

自1859年马克思的第一部经济学研究著作《政治经济学批判》发表以来，马克思虽然潜心进行经济学研究多年，写下了大量的经济学研究手稿，其中包括《1857—1858年经济学手稿》《1863—1864年经济学手稿》等大量内容丰富的经济学研究成果，并且持续进行《资本论》的创作，但是在1859年之后，马克思并没有公开发表其经济学研究成果。而且即使在演讲之后，为了避免与即将出版的《资本论》重复，虽然有人建议马克思发表演讲稿，但在马克思有生之年并没有发表这篇讲稿。所以，1865年的演讲，马克思公开地、简明地宣讲自己的经济学研究成果，是公众得以一窥马克思经济学思想的一个难得机会。《工资、价格和利润》的首次发表是在马克思去世之后，也是在《资本论》第1卷出版之后，但是这篇报告的发表，一方面让读者，特别是普通百姓通过通俗易懂的形式了解马克思的经济学思想，具有大众传播的意义；另一方面，这篇演讲稿是马克思经济学研究进程中的一个过程，还没有达到《资本论》的成熟程度，马克思的经济学思想还在进步中，所以这篇演讲稿也是理解马克思经济学思想形成史的一个活的里程碑，通过对比研究，可以发现马克思经济学思想的进展路径，具有重要的学术意义。此后，《工资、价格和利润》德文版、法文版、俄文版等相继问世，极大地推动了该著作在世界各地的出版和传播。

二 国内主要版本及其传播情况

《工资、价格和利润》这部著作是马克思于1865年6月直接针对国际会员韦斯顿的错误观点在国际工人协会总委员会会议上用英文作的报告，是马克思的重要政治经济学著作之一。马克思在这部著作里扼要而通俗地叙述了他的经济学说的原理，揭示了剩余价值的实质。马克思的这部著作很早就传入中国，出现多个译本，反复再版。

（一）单行本译本

1. 1922年上海商务印书馆出版了由李季译、陶孟和校的该著作的中译本，书名为《价值、价格和利润》，是这部著作第一次在中国发行单行本全译本，为当时先进的中国人学习和研究马克思主义政治经济学提供了最早的资料。

2. 1929年上海泰东书局出版了朱应祺、朱应会的中译本，书名为《工资价格及利润》，定价五角。该书采用竖版繁体字印刷。在书前的"译者小引"中，译者写道："本书是马克斯一八六五年六月二十六日在国际劳动总务委员会席上的一篇演说文章。当时马氏不过五十岁，距今约六十余年，两年后，即一八六七年《资本论》第 1 卷也已出版，所以他的经济学体系那时已就成熟了。这书原稿是英文的，是马克斯死后所发现的遗稿，不是他生前出版的。编订分节都是马克斯的幼女伊利诺（Elernor Marx Aveling）及他的女婿爱底瓦得（Edward Aveling）两人的功夫。英文原本标题为《价值价格及利润》(*Value Price and Profit*)。德文本子是本斯泰因（Bernstein）所翻译的，标题为 *Lohn Preis und Profit*，本丛书现依德国译本翻译，因此，就题为《工资价格及利润》。说到本书的内容，总可算是马克斯经济学的骨子，又可说是《资本论》的缩略。页数虽少，而《资本论》上的重要问题大概都已涉及。尤其《资本论》第 1 卷与第 3 卷的主要部分，更简明地叙述出来。又剩余价值学说史上所讨论的许多问题也于本书的第八章及第十一章中，明白解释。所以研究马克斯经济学的人不可不读《资本论》，而研究《资本论》的人不可不先把这本小册子反复熟读，所以我们把它译出，作为马克斯研究丛书的第四种。"① 这里提到的《马克斯研究丛书》指 20 世纪 30 年代泰东书局出版的一套马克思研究学术的著作，其中包括《马克斯的经济概念》《马克斯的民族、社会及国家概念》《马克思的伦理概念》《马克斯的工资劳动与资本》和《马克斯的国家发展过程》等书，较早地向中国介绍和传播了马克思的著作和思想。

朱应祺翻译的《工资价格及利润》于 1949 年由世界文化出版社再版。

3. 王学文、何锡麟译本，系根据英文本译出，书名为《价值、价格和利润》，全书 44000 字。该译本最早收于 1939 年出版的《政治经济学论丛》一书中，单行本最早于 1946 年由生活书店出版，新中国成立后的第一版 1950 年 2 月由三联书店（上海）出版，1953 年 12 月由人民出版社仍以三联书店名义出版（平装，0.22 元）。该版本多次再版重印，各版之间有细微差别。

---

① 马克斯：《工资价格及利润》，朱应祺、朱应会译，上海：上海泰东图书局出版 1929 年版，第 1 页。

4. 中央编译局翻译的单行本。由中央编译局翻译、人民出版社出版的单行本《工资、价格和利润》是按照《马克思恩格斯全集》中文版第 16 卷中所载译文排印的，后有注释 20 条（一版 4 次后改为 19 条），全书共四万三千字。本书初版于 1964 年 4 月，第 1—3 次印刷（平装，0.19 元）时均未署译者名。1965 年 1 月另出精装本（0.68 元）。1971 年 11 月第一版第 4 次印刷时开始署名，至 1975 年 10 月为第一版第 7 次印刷（平装，0.17 元）。另外，本书于 1964 年 6 月及 1971 年 12 月曾两次出版过 16 开大字本。

（二）被收录著作集

1.《马克思恩格斯全集》第一版第 16 卷第 111 页至 169 页，收录了《工资、价格和利润》。该版《工资、价格和利润》从俄文翻译过来，题页注明"原文是英文，俄文是按手稿译的"。主要是根据《马克思恩格斯全集》俄文版第二版第 16 卷（1960 年出版）翻译和校订的，并参考了《马克思恩格斯文选》（两卷集）中文版的有关译文。在这一篇的题注中标明："这部著作是卡·马克思于 1865 年 6 月 20 日在总委员会会议上用英语作的报告。这篇报告是由委员会委员约翰·韦斯顿 5 月 2 日和 23 日的发言引起的；韦斯顿在发言中企图证明，货币工资水平的普遍提高对工人没有好处，并由此做出工会'有害'的结论。保存下来的报告稿是马克思的手稿。报告由马克思的女儿爱琳娜以'价值、价格和利润'（*Value，Price and Profit*）为题于 1898 年首次在伦敦发表，并附有 E.艾威林写的序。手稿中引言和前 6 节没有标题，由艾威林加上了标题。在收入本卷时，除了总标题以外，这些小标题都保留下来了。"①

2.《马克思恩格斯全集》第二版第 21 卷第 155 页至 212 页收录了《工资、价格和利润》。这一中文版本根据《马克思恩格斯全集》1992

---

① 《马克思恩格斯全集》第 16 卷，北京：人民出版社 1964 年版，第 733 页。

年历史考证版第一部分第20卷进行翻译，原文是英文，于1898年以小册子形式在伦敦出版。在题注中标明："这是马克思于1865年6月20和27日在国际工人协会中央委员会会议上用英文作的报告。中央委员会委员约·韦斯顿在5月2和23日的发言中企图证明，货币工资水平的普遍提高对工人没有好处，并由此做出工会'有害'的结论。马克思遂于1865年5月20日—6月24日写成这篇报告，报告中不仅揭穿了商品价格取决于工资水平这一虚假理论，而且阐明了马克思主义政治经济学的许多关键问题。保存下来的报告稿是马克思的手稿，没有标题，开头写着：'1865年6月20日星期二向总委员会宣读'。全文由作者用阿拉伯数字分为十四节。这篇报告在马克思生前没有出版过。因为他担心发表这篇报告，会过早地挪用他当时正在紧张写作的《资本论》中的一些重要原理。1898年，报告由马克思的女儿爱琳娜以《价值、价格和利润》为题首次在伦敦发表，并附有爱·艾威林写的序。引言和前六节在手稿中是没有标题的，由艾威林加上了标题。在本卷中，除了总标题以外，这些小标题都保留下来了。这篇报告的德译文发表在1898年《新时代》第6年第2册，由伯恩斯坦翻译的德译文用的标题是《工资、价格和利润》。"[①]

3.《马克思恩格斯文集》第3卷第25页至78页收录了《工资、价格和利润》，这个版本是根据《马克思恩格斯全集》历史考证版第一部分第20卷并参考《马克思恩格斯全集》德文版第16卷翻译，原文于1898年以小册子的形式在伦敦出版。这一版本的题注内容更加丰富："《工资、价格和利润》是马克思的一部重要的政治经济学论著。马克思在这部著作中扼要而通俗地阐述了《资本论》中一些重要原理，说明了剩余价值的形成过程和工资的实质，揭示了资本家对工人进行剥削的秘密。他指出，资本家的本质是追求最大限度的利润，工人阶级必须不断为提高工资和缩短工作日而斗争，才能对资本家的贪欲有所抑制，

---

① 《马克思恩格斯全集》第21卷，北京：人民出版社2003年版，第634页。

才能防止自己的地位不断恶化。在深刻论证工人阶级开展经济斗争的必要性和重要性的同时，马克思也指出了经济斗争的局限性，强调要把经济斗争和政治斗争结合起来。他指出，单纯的经济斗争反对的只是结果，而不是产生这种结果的原因，工人'应当摒弃做一天公平的工作，得一天公平的工资！这种保守的格言，要在自己的旗帜上写上革命的口号：消灭雇佣劳动制度！'。本文是马克思于1865年6月20日和27日在国际工人协会中央委员会会议上用英语作的报告。中央委员会约·韦斯顿在5月2日和23日的发言中企图证明，货币工资水平的普遍提高对工人没有好处。马克思于1865年5月20日—6月24日写成这篇报告稿，批驳了这个错误观点。目前保存下来的报告稿是马克思的手稿，没有标题，开头写有：'1865年6月20日星期二向中央委员会宣读。'全文由作者分为十四节。1898年，报告由马克思的女儿爱·马克思-艾威林以《价值、价格和利润》为标题在伦敦发表，并附有爱·艾威林写的序言。引言和前六节在手稿中没有标题，由艾威林加上了标题。本卷除总标题以外，保留了这些小标题。这篇报告的德译文发表在1897—1898年《新时代》第16年卷第2册，译者是爱·伯恩斯坦，采用的标题是《工资、价格和利润》。1922年上海商务印书馆出版了由李季译、陶孟和校的该著作的中译本，书名为《价值价格和利润》；1929年上海泰东书局出版了朱应祺、朱应会的中译本，书名为《工资、价格和利润》；1939年延安解放社出版的王学文、何锡麟、王石巍翻译的《政治经济学论丛》收有这篇著作的中译文。"[1]

（本文来自2017年中央编译出版社出版的史清竹所著《马克思〈工资、价格和利润〉研究读本》有关内容。）

---

[1]《马克思恩格斯文集》第3卷，北京：人民出版社2009年版，第629页。

KLEINE BÜCHEREI DES MARXISMUS LENINISMUS

KARL MARX

LOHN, PREIS UND PROFIT

DIETZ VERLAG BERLIN 1951

4. Auflage, 91.—140. Tausend

Copyright 1948 by Dietz Verlag GmbH, Berlin · Printed in Germany · Alle Rechte vorbehalten · Gestaltung und Typographie: Dietz Entwurf · Lizenznummer 341
Druck: Mitteldeutsche Druckerei und Verlagsanstalt GmbH, Zweigbetrieb Köthen

VORWORT

Anfang der sechziger Jahre des vorigen Jahrhunderts begann der zweite große Aufschwung der Arbeiterbewegung, die Bildung von nationalen Massenorganisationen, die sich 1864 in der unter der Führung von Karl Marx gegründeten „Internationalen Arbeiterassoziation", der I. Internationale, vereinigten. Seit 1848 hatte sich die kapitalistische Wirtschaft rasch ausgebreitet und durch die massenhafte Anwendung von Maschinen ihren Charakter als industrieller Kapitalismus ausgeprägt.

Damit hatte sich auch die Arbeiterbewegung verändert. An die Stelle revolutionärer Handwerksgesellen trat das eigentliche moderne Industrieproletariat, das unter den Bedingungen des Frühkapitalismus in eine immer elendere Lage gedrängt wurde. Aber es erkannte auch, daß es in seinen Organisationen eine wirksame Waffe gegen die schrankenlose Ausbeutung besaß. Die sechziger Jahre des vorigen Jahrhunderts sahen darum eine Kette von Streikkämpfen um Arbeitszeitverkürzung, Lohnerhöhung und Arbeitsschutzbestimmungen. Die Streiks gaben wiederum den Anstoß, Arbeiterorganisationen zu bilden und um die Anerkennung des Organisationsrechtes zu kämpfen.

Mit den Organisationen und Kämpfen traten auch neue Probleme auf. Die am Vorabend und im Verlauf der achtundvierziger Revolution gegründeten Arbeiterorganisationen hatten einen ausgesprochenen politischen Charakter, und ihre Führer neigten der Meinung zu, daß die Arbeiterklasse unmittelbar auf revolutionärem Wege zur Macht kommen werde.

Andererseits vertraten die *utopischen Sozialisten*, die seit je einen starken Einfluß auf die Arbeiterschaft besaßen, die Meinung, daß die bürgerliche Gesellschaft nur sofort als Ganzes in eine sozialistische Gesellschaft verwandelt werden könne

3

und müsse. Jede selbständige Aktion der Arbeiter, die nicht dieses Bestreben unterstütze, würde nur störend wirken.

Schließlich wurde seit *Malthus* von den bürgerlichen Ökonomen behauptet, daß die elende soziale Lage der Arbeiter naturbedingt und darum unabänderlich sei.

Alle diese Auffassungen spiegelten sich in der Arbeiterbewegung der sechziger Jahre wider. Typisch dafür war *Lassalle* mit seinem 1863 gegründeten „Allgemeinen deutschen Arbeiterverein". Lassalle proklamierte, daß das „eherne Lohngesetz" eine wirtschaftliche Verbesserung für die Arbeiter im Kapitalismus unmöglich mache und daß nur die Erringung des allgemeinen und gleichen Wahlrechts und die Schaffung von Produktivgenossenschaften mit Staatshilfe die Arbeiter aus dem Kapitalismus in den Sozialismus führen könnten.

Ähnliche Auffassungen wurden auch von den *anarchistischen Strömungen* in der I. Internationale vertreten, deren Wortführer *Bakunin* war.

Zwei Fragen standen nun vor der politischen Führung der internationalen Arbeiterbewegung:

1. Kann die Erhöhung des Arbeitslohnes die sozialen und materiellen Aussichten der Arbeiterklasse verbessern?
2. Haben die Gewerkschaften eine Existenzberechtigung neben den politischen Parteien?

Im Grunde genommen lassen sich beide Fragen zusammenfassen in die Frage: Hat die Arbeiterschaft die Aussicht, durch ihren Kampf eine Verbesserung ihrer Lage schon im Kapitalismus zu erreichen, oder muß sie alle ihre Kräfte lediglich auf die Vorbereitung der sozialen Revolution konzentrieren und auf den Tageskampf verzichten?

Diese Fragen mußte der Generalrat der „Internationalen Arbeiterassoziation" im Jahre 1865 beantworten. Einmal, weil er seinen Standpunkt zu den Streikkämpfen des Kontinents festlegen mußte, zum anderen, weil eines seiner Mitglieder,

John Weston, diese Frage aufwarf und die Möglichkeit der Erkämpfung von Verbesserungen für die Arbeiter im Kapitalismus leugnete. Weston vertrat tatsächlich nicht nur seine eigene Meinung, sondern war der Vertreter einer breiten Strömung, von der die Lassalleaner ein Teil waren.

Der Generalrat beauftragte Karl Marx mit der Beantwortung der Fragen Westons. Marx kam der Aufforderung nach, indem er vor dem Generalrat einen Vortrag hielt, der den Gegenstand der vorliegenden Schrift bildet.

Jedoch handelt es sich bei diesem Vortrag nicht um eine einfache Widerlegung der Ansichten des Owenisten Weston und seiner Anhänger, sondern Marx entwickelte zugleich einen Teil der Resultate seiner theoretischen Forschungen, die er für sein großes Werk „Das Kapital" betrieb, dessen erster Band zwei Jahre später, im Jahre 1867, erschien.

In „Lohn, Preis und Profit" zeigt sich der unabschätzbare Wert der großen Entdeckungen Karl Marx', besonders der Erkenntnis, daß der Arbeiter nicht seine Arbeit, sondern seine *Arbeitskraft* verkauft und daß der *Mehrwert* nichts anderes ist, als der in der *Mehrarbeitszeit* vom Arbeiter über den Wert seiner Arbeitskraft hinaus produzierte Überschuß, den sich der Kapitalist ohne Gegenleistung aneignet. *Mehrarbeit* ist *unbezahlte Arbeit*, die der Arbeiter auf Grund seines Arbeitsvertrages über seine *bezahlte Arbeit* hinaus zu leisten gezwungen ist. Die mit dem Arbeitslohn bezahlte Arbeit ist die *notwendige Arbeit*, die der Arbeiter aufwendet, um den Wert zu erzeugen, der dem Werte seiner für die Wiederherstellung der Arbeitskraft notwendigen Existenzmittel entspricht. Der Arbeitslohn ist der *Preis der Arbeitskraft, der als Preis der Arbeit erscheint*.

Der *Profit* ist eine abgewandelte Form des Mehrwerts, die das Ausbeutungsverhältnis verhüllt. Der Profit als vorgestellter Abkömmling des Gesamtkapitals verdeckt, daß der Überschuß, der Mehrwert, nur durch die Arbeitskraft und nicht durch die Produktionsmittel erzeugt wird. Das Verhältnis des

Mehrwerts zu dem Teil des Kapitals, der für den Ankauf der Arbeitskraft vorgeschossen wird, ist die *Mehrwertrate*. Das Verhältnis des Mehrwerts zum gesamten vorgeschossenen Kapital ist die *Profitrate*. Marx nennt beides in dieser Schrift, im Gegensatz zu seinem Werk „Das Kapital", noch die Profitrate.

Das Resultat der bezahlten und der unbezahlten Arbeit des Arbeiters ist die *Ware*, die sowohl den Wert des vorgeschossenen Kapitals als auch den Überschuß, den Mehrwert, enthält, dessen abgewandelte Form der *Profit* ist.

Die Verschleierung der Quelle des Mehrwerts ist die Ursache der Auffassung, daß eine Erhöhung des Arbeitslohnes unbedingt die Preise steigern müsse, daß der Arbeiter also als Konsument verliere, was er als Produzent gewinnt.

Marx weist nach, daß diese Auffassung absolut falsch ist. Der Kampf zwischen den Arbeitern und Unternehmern im Kapitalismus spielt sich auf der Linie der bezahlten und der unbezahlten Arbeit ab. Eine Erhöhung des Arbeitslohnes zieht eine Senkung des Profits nach sich, wie umgekehrt der Profit auf Kosten des Arbeitslohnes steigen kann. Die Senkung des Profits ist sogar nur vorübergehend, weil durch die Verbesserung der Technik und der Organisation der Produktion die Produktivität der Arbeit gesteigert und die notwendige Arbeit dadurch herabgedrückt werden kann.

Die Arbeiter können demnach auch im Kapitalismus im organisierten Kampfe ihre Lage verbessern, und die Gewerkschaften spielen dabei eine wichtige Rolle.

Andererseits werden die errungenen Verbesserungen durch den Mechanismus der kapitalistischen Konkurrenz immer wieder herabgedrückt, insbesondere in den Krisen. Eine wirkliche dauernde Verbesserung der Lage der Arbeiter und vor allem die dauernde Sicherung ihrer Existenz ist nur durch die Aufhebung des Lohnsystems, das heißt des Kapitalismus, möglich.

Die Schlußfolgerungen aus dieser Erkenntnis sind: *Erstens*. Die Erhöhung der Löhne kann auf Kosten des Profits gehen und braucht die Preise nicht zu berühren. *Zweitens.* Die allgemeine Tendenz der kapitalistischen Wirtschaft geht dahin, den Lebensstandard der Arbeiter nicht zu steigern, sondern zu senken. *Drittens.* Die Gewerkschaften tun gute Dienste im Kampfe gegen die Gewalttaten des Kapitals. Sie verfehlen aber ihren Zweck, wenn sie sich auf den ökonomischen Kleinkrieg beschränken und nicht zu Hebeln zur endgültigen Abschaffung des Lohnsystems werden.

Die Entwicklung des Kapitalismus zum Monopolkapitalismus hat diese Erkenntnis mehr als bestätigt. Denn durch seine organisierte Macht war und ist er stets imstande, die Erfolge des Kampfes der Arbeiterschaft entweder überhaupt zu verhindern oder durch Preisaufschläge zu anullieren. Der gewerkschaftliche Kampf kann sich darum heute weniger denn je auf das ökonomische Gebiet beschränken. Er muß ausmünden in den politischen Kampf.

Die Vernichtung der faschistischen Aggressoren durch den heroischen Kampf der Sowjetarmeen löste eine Reihe von Ländern aus dem kapitalistischen Teil der Welt. Gestützt auf die großzügige Hilfe der Sowjetunion zerschlugen in diesen Ländern die Arbeiter und werktätigen Bauern die ökonomischen Grundlagen der kapitalistischen Reaktion und der Großgrundbesitzer und errichteten die volksdemokratische Ordnung, deren Staat mit großem Erfolg die Funktionen der Diktatur des Proletariats erfüllt. In dem von der Sowjetunion betreuten Teil Deutschlands wurde die antifaschistisch-demokratische Ordnung geschaffen.

Die Enteignung und Verstaatlichung der kapitalistischen Unternehmen schuf die Voraussetzung für die planmäßige Wiederherstellung der durch den Krieg zerstörten Friedenswirtschaft und für den Neuaufbau der Wirtschaft auf sozialistischer Basis in den Volksrepubliken und auf demokratischer Basis in der Deutschen Demokratischen Republik.

Das Marxsche Werk „Lohn, Preis und Profit" gibt wertvolle Hinweise für die Lösung einer Reihe aktueller Probleme der sozialistischen und demokratischen Wirtschaft. Nehmen wir zum Beispiel die Rolle und Bedeutung der Arbeitsproduktivität.

Die Größe des gesellschaftlichen Reichtums hängt vor allem von der Höhe der Arbeitsproduktivität ab. Das ist unter den Bedingungen der sozialistischen und demokratischen Wirtschaft für die Festigung und Entwicklung der neuen Ordnung und für die Hebung des Lebensniveaus des werktätigen Volkes von entscheidender Bedeutung.

Nach dem Vorbild der Sowjetunion und der volksdemokratischen Länder wurde in der Deutschen Demokratischen Republik durch die gewaltigen schöpferischen Leistungen unserer Arbeiter und Bauern der Friedensstand der Produktion erreicht. Das weitere Tempo des Aufbaus unserer Wirtschaft und der Verbesserung der Lebenslage unserer Bevölkerung wird nun unmittelbar von der Steigerung der Arbeitsproduktivität und der mit ihr zusammenhängenden Senkung der Selbstkosten bestimmt.

Im volkseigenen Sektor der Wirtschaft wird das von den Arbeitern produzierte Mehrprodukt nicht mehr von Kapitalisten angeeignet. Es ist die Hauptquelle der Mittel, die die Erweiterung und Entwicklung unserer Wirtschaft und Kultur in einem Maße sichern, daß auch in Deutschland die Reaktion endgültig vernichtet werden wird.

Die Marxsche Entdeckung, daß die Arbeitsproduktivität der wichtigste Hebel für die Entwicklung der menschlichen Gesellschaft ist, lehrt uns also, daß unter den Bedingungen der Vergesellschaftung der Produktionsmittel der Kampf um die Steigerung der Arbeitsproduktivität ein entscheidender Abschnitt des Kampfes um die endgültige Befreiung der Arbeiterklasse ist.

Das Werk „Lohn, Preis und Profit" hat demnach nicht nur einen bedeutsamen Wert für den Kampf der Arbeiterklasse im kapitalistischen Sektor der Welt, sondern auch für den Kampf um den Aufbau der sozialistischen und demokratischen Wirtschaft. Durch das Studium dieses Werkes und die Propagierung seiner Erkenntnisse wird das Klassenbewußtsein der Arbeiterschaft entwickelt und gestärkt und werden ihr die Aufgaben klar, die sie lösen muß. Denn es war keine bloße theoretische Floskel, sondern die Konsequenz seiner wissenschaftlichen Arbeit, als Karl Marx in der Inauguraladresse zur Gründung der ersten Internationale schrieb, „daß die Befreiung der Arbeiterklasse nur das Werk der Arbeiterklasse selbst sein kann".

*

Einige Hinweise für das Studium. Da die Schrift ein polemisches Werk ist, enthält sie natürlich ihre Schwierigkeiten, zumal die Auseinandersetzung achtzig Jahre zurückliegt. Zur besseren Einarbeitung ist zu empfehlen, erst die Kapitel V bis XIV zu lesen, die die neuen Marxschen Lehren enthalten, und dann die Kapitel I bis IV, in denen sich Marx speziell mit John Westons Themen beschäftigt.

September 1950

Alfred Lemmnitz

ZUR GESCHICHTE DER SCHRIFT

In der Sitzung vom 4. April 1865 wurden dem Generalrat der „Internationalen Arbeiterassoziation" (I. Internationale) von seinem Mitglied John Weston, Vertreter der englischen Arbeiter, folgende Fragen zur Erörterung vorgelegt: „1. Kann die Erhöhung des Arbeitslohns die sozialen und materiellen Aussichten der Arbeiterklasse verbessern? 2. Wirken nicht die Bemühungen der Gewerkschaften, den Arbeitslohn zu erhöhen, schädlich auf die anderen Industriezweige?" Weston erklärte, daß er auf die erste Frage eine negative und auf die zweite Frage eine positive Antwort verteidigen werde. In den Sitzungen vom 2. und 20. Mai vertrat Weston seine Ansichten in einem besonderen Vortrag, an den sich eine Diskussion anschloß.

Im Brief vom 20. Mai 1865 schrieb Marx darüber an Engels: „Heut abend Extrasitzung der ‚International'. Ein alter guter Schluch, alter Owen-Anhänger, *Weston* (Zimmermann), hat die beiden Sätze aufgestellt, die er fortwährend im ‚Beehive'[1] verteidigt:

1. daß ein allgemeines Steigen in der Lohnrate den Arbeitern nichts nützen würde;
2. daß deswegen etc. die Trades Unions [Gewerkschaften] *schädlich* wirken.

Würden diese beiden Sätze, an die *er* allein in unsrer Gesellschaft glaubt, angenommen, so wären wir Kladderadatsch, sowohl wegen der hiesigen Trades Unions, als wegen der Streikepidemie, die jetzt auf dem Kontinent herrscht.

---

[1] „Beehive" (Bienenstock) — eine Zeitlang das offizielle Organ der I. Internationale, das die laufenden offiziellen Dokumente der I. Internationale publizierte. *Die Red.*

„... Man erwartet natürlich von mir die Widerlegung. Ich hätte also eigentlich meine Erwiderung für heut abend ausarbeiten sollen, hielt es aber wichtiger, an meinem Buch fortzuschreiben, und muß mich so auf die Improvisation verlassen.

Ich weiß natürlich im voraus, was die beiden Hauptpunkte:

1. daß der *Arbeitslohn* den Wert der Waren bestimmt;
2. daß, wenn die Kapitalisten heute 5 sh. statt 4 zahlen, sie morgen (befähigt dazu durch die gestiegne Nachfrage) ihre Waren für 5 sh. statt für 4 verkaufen werden.

So fad nun das und sich nur an die äußerlichste Oberfläche der Erscheinung hält, so doch nicht leicht, alle die ökonomischen Fragen, die dabei konkurrieren, Ignoranten auseinanderzulegen. Man kann nicht einen Kursus der politischen Ökonomie in eine Stunde zusammenpressen. Aber wir werden unser Bestes tun."

Marx hat sich nicht auf das Auftreten in der Diskussion beschränkt. Er arbeitete einen Vortrag aus, den er dann in zwei Sitzungen des Generalrats (am 20. und 27. Juni 1865) gehalten hat. Aber der Vortrag wurde weder von Marx noch selbst von Engels veröffentlicht. Marx schrieb darüber am 24. Juni 1865 an Engels:

„Ich habe in dem Zentralrat einen Vortrag gehalten (was vielleicht zwei Bogen im Druck machen würde) über die von Mr. Weston eingebrachte Frage, wie ein allgemeines Steigen der Löhne etc. wirken würde. Der erste Teil davon Antwort auf Westons Blödsinn; der zweite eine theoretische Auseinandersetzung, soweit Gelegenheit passend dazu.

Nun wollen die Leute das drucken lassen. Einerseits wäre mir das vielleicht nützlich, da sie in Verbindung mit J. St. Mill, Professor Beesly, Harrison usw. Andrerseits habe ich Bedenken,

1. da ‚Mr. Weston' als Gegner nicht grade sehr schmeichelhaft;

2. das Ding enthält im zweiten Teil, in außerordentlich gedrängter, aber verhältnismäßig populärer Form, viel Neues, das aus meinem Buch vorweggenommen ist, während es zugleich doch notwendigerweise über allerlei wegschlüpfen muß. Frage, ob es rätlich, dergleichen in solcher Weise vorwegzunehmen?"

Der Vortrag wurde erstmalig von Marx' Tochter Eleanor und ihrem Mann Edward Aveling in englischer Sprache unter dem Titel „Value, Price and Profit" (Wert, Preis und Profit) 1898 in London veröffentlicht. Hinzugefügt wurden von ihnen die Überschriften der Einleitung und der ersten sechs Kapitel (in unserer Ausgabe in Klammern gesetzt). Im gleichen Jahre erschien der Vortrag in deutscher Sprache in der „Neuen Zeit" unter dem Titel „Lohn, Preis und Profit".

Die erste Übersetzung ist in späteren Jahren durch eine andere Übertragung ersetzt worden.

Die unverkennbaren Mängel der beiden alten Ausgaben machten eine völlig neue Fassung notwendig. Der vorliegende Text wurde aus der mit dem Marxschen Manuskript verglichenen englischen Ausgabe übertragen und ist dem Buche „Karl Marx und Friedrich Engels, ‚Ausgewählte Schriften', in zwei Bänden, Bd. I, Verlag für fremdsprachige Literatur, Moskau 1950", entnommen.

Der Verlag

LOHN, PREIS UND PROFIT

[Einleitendes]

Bürger!

Bevor ich auf unsern Gegenstand eingehe, erlaubt mir einige Vorbemerkungen.

Gegenwärtig herrscht auf dem Kontinent eine wahre Epidemie von Streiks, und allgemein wird nach einer Lohnsteigerung gerufen. Die Frage wird auf unserm Kongreß zur Sprache kommen. Ihr als Leiter der Internationalen Assoziation müßt einen festen Standpunkt in dieser wesentlichsten Frage haben. Ich für mein Teil habe es daher für meine Pflicht gehalten, ausführlich auf die Sache einzugehn — selbst auf die Gefahr hin, eure Geduld auf eine harte Probe zu stellen.

Eine Vorbemerkung noch mit Bezug auf Bürger Weston. Nicht nur hat er vor euch Anschauungen entwickelt, die, wie er weiß, in der Arbeiterklasse äußerst unpopulär sind; er hat diese Anschauungen auch öffentlich vertreten, wie er glaubt — im Interesse der Arbeiterklasse. Eine solche Bekundung moralischen Muts müssen wir alle hochachten. Trotz des unverblümten Stils meiner Ausführungen wird er hoffentlich am Schluß derselben finden, daß ich mit dem übereinstimme, was mir als der eigentliche Grundgedanke seiner Sätze erscheint, die ich jedoch in ihrer gegenwärtigen Form nicht umhin kann, für theoretisch falsch und praktisch gefährlich zu halten.

Ich komme nun ohne Umschweife zur Sache.

I. [Produktion und Löhne]

Bürger Westons Beweisführung beruhte wesentlich auf zwei Voraussetzungen: einmal, daß der *Betrag der nationalen Produktion* ein *unveränderliches Ding* ist, oder, wie die Mathematiker sagen würden, eine *konstante* Menge oder Größe; zweitens, daß der *Betrag des Reallohns*, d. h. des Lohns, gemessen durch das Warenquantum, das mit ihm gekauft

13

werden kann, ein *unveränderlicher* Betrag, eine *konstante* Größe ist.

Nun, das Irrtümliche seiner ersten Behauptung springt in die Augen. Ihr werdet finden, daß Wert und Masse der Produktion von Jahr zu Jahr zunehmen, daß die Produktivkraft der nationalen Arbeit größer wird und daß die zur Zirkulation dieser gesteigerten Produktion notwendige Geldmenge fortwährend wechselt. Was am Ende des Jahres und für verschiedne miteinander verglichene Jahre gilt, das gilt auch für jeden Durchschnittstag im Jahr. Die Menge oder Größe der nationalen Produktion wechselt fortwährend. Sie ist keine *konstante*, sondern eine *variable* Größe; auch abgesehn von den Veränderungen des Bevölkerungsstandes kann das nicht anders sein, wegen des fortwährenden Wechsels in der *Akkumulation des Kapitals* und der *Produktivkraft der Arbeit*. Unleugbar, fände heute eine *Steigerung der allgemeinen Lohnrate* statt, so würde diese Steigerung, welches immer ihre schließlichen Folgen, *an sich* nicht *unmittelbar* den Betrag der Produktion ändern. Sie würde zunächst einmal vom jetzigen Stand der Dinge ausgehn. War aber die nationale Produktion *vor* der Lohnsteigerung *variabel* und nicht *fix*, so wird sie auch *nach* der Lohnsteigerung fortfahren variabel und nicht fix zu sein.

Gesetzt aber, der Betrag der nationalen Produktion sei *konstant* statt *variabel*. Selbst dann bliebe, was unser Freund Weston für einen Vernunftschluß hält, eine bloße Behauptung. Habe ich eine gegebne Zahl, sage 8, so hindern die absoluten Grenzen dieser Zahl ihre Bestandteile keineswegs, ihre *relativen* Grenzen zu ändern. Machte der Profit 6 aus und der Arbeitslohn 2, so könnte der Arbeitslohn auf 6 steigen und der Profit auf 2 fallen, und doch bliebe der Gesamtbetrag 8. So würde der fixe Betrag der Produktion keineswegs beweisen, daß der Betrag des Arbeitslohns fix sei. Wie beweist nun aber unser Freund Weston diese Fixität? Einfach indem er sie behauptet.

14

Aber selbst seine Behauptung zugegeben, ergibt sich aus ihr zweierlei, während er nur eins sieht. Ist der Lohnbetrag eine konstante Größe, so kann er weder vermehrt noch vermindert werden. Wenn daher die Arbeiter töricht handeln mögen, indem sie eine vorübergehende Lohnsteigerung erzwingen, so handeln die Kapitalisten nicht minder töricht, indem sie eine vorübergehende Lohnsenkung erzwingen. Unser Freund Weston leugnet nicht, daß die Arbeiter unter gewissen Umständen eine Steigerung des Arbeitslohns durchsetzen *können*, da aber sein Betrag von Natur fixiert sein soll, müsse ein Rückschlag erfolgen. Anderseits weiß er auch, daß die Kapitalisten eine Lohnsenkung erzwingen *können* und daß sie dies in der Tat fortwährend versuchen. Nach dem Prinzip des konstanten Arbeitslohns müßte in dem einen Fall so gut wie in dem andern ein Rückschlag erfolgen. Wenn daher die Arbeiter sich dem Versuch oder der Durchführung einer Lohnsenkung widersetzten, täten sie ganz recht. Sie würden also richtig handeln, indem sie eine *Lohnsteigerung* erzwingen, *weil jede Abwehraktion* gegen eine Herabsetzung des Lohns eine *Aktion* für eine Lohnsteigerung ist. Nach Bürger Westons eignem Prinzip vom *konstanten Arbeitslohn* sollten sich die Arbeiter daher unter gewissen Umständen zusammentun und für eine Lohnsteigerung kämpfen.

Wenn er die Schlußfolgerung ablehnt, muß er die Voraussetzung preisgeben, woraus sie sich ergibt. Statt zu sagen, der Betrag des Arbeitslohns sei ein *konstantes Quantum*, müßte er sagen, daß, obgleich er weder *steigen* könne noch müsse, er vielmehr *fallen* könne und müsse, sobald es dem Kapital gefällt, ihn herabzusetzen. Beliebt es dem Kapitalisten, euch Kartoffeln an Stelle von Fleisch und Hafer an Stelle von Weizen essen zu lassen, so müßt ihr seinen Willen als Gesetz der politischen Ökonomie hinnehmen und euch ihm unterwerfen. Ist in einem Lande, z. B. den Vereinigten Staaten, die Lohnrate höher als in einem andern, z. B. England, so habt ihr euch diesen Unterschied in der Lohnrate aus einem Unterschied im Willen des amerikanischen und des englischen Kapitalisten zu erklären, eine Methode, die das Studium nicht nur der ökonomischen, sondern auch aller andern Erscheinungen zweifellos sehr vereinfachen würde.

Aber selbst dann wäre die Frage erlaubt, *warum* denn der Wille des amerikanischen Kapitalisten von dem des englischen verschieden ist. Und um auf diese Frage zu antworten, müßt ihr über den Bereich des *Willens* hinausgehn. Ein Pfaffe kann mir weismachen wollen, Gottes Wille sei in Frankreich eines und in England ein andres. Wenn ich von ihm verlangte, mir diesen Willenszwiespalt zu erklären, könnte er die Stirn haben, mir zu antworten, es sei Gottes Wille, in Frankreich einen Willen zu haben und in England einen andern. Aber unser Freund Weston ist sicher der letzte, eine so vollständige Preisgabe alles vernünftigen Denkens als Argument geltend zu machen.

Sicher ist es der *Wille* des Kapitalisten, zu nehmen, was zu nehmen ist. Uns kommt es darauf an, nicht über seinen *Willen* zu fabeln, sondern seine *Macht* zu untersuchen, die *Schranken dieser Macht* und den *Charakter dieser Schranken*.

II. [Produktion, Lohn, Profit]

Der uns von Bürger Weston gehaltene Vortrag hätte in einer Nußschale Raum finden können.

Alle seine Ausführungen liefen auf folgendes hinaus: Wenn die Arbeiterklasse die Klasse der Kapitalisten zwingt, 5 Schilling statt 4 in Gestalt von Geldlohn zu zahlen, so würde der Kapitalist dafür in Gestalt von Waren einen Wert von 4 statt 5 Schilling zurückgeben. Die Arbeiterklasse würde das mit 5 Schilling zu bezahlen haben, was sie vor der Lohnsteigerung für 4 Schilling kaufte. Aber warum ist dies der Fall? Warum gibt der Kapitalist im Austausch für 5 Schilling nur einen Wert von 4 Schilling zurück? Weil der Lohnbetrag fix ist. Warum ist er aber zu einem Warenwert von 4 Schilling fixiert? Warum nicht zu 3 oder 2 Schilling oder einer beliebigen andern

Summe? Ist die Grenze des Lohnbetrags durch ein ökonomisches Gesetz bestimmt, das gleich unabhängig ist vom Willen des Kapitalisten wie vom Willen des Arbeiters, so hätte Bürger Weston zunächst einmal dies Gesetz aussprechen und nachweisen müssen. Er wäre dann aber auch den Beweis schuldig gewesen, daß der in jedem gegebnen Zeitpunkt faktisch gezahlte Lohnbetrag immer exakt dem notwendigen Lohnbetrag entspricht und niemals davon abweicht. Anderseits, beruht die gegebne Grenze des Lohnbetrags auf dem *bloßen Willen* des Kapitalisten oder den Grenzen seiner Habgier, so ist sie willkürlich. Sie ist aller Notwendigkeit bar. Sie kann *durch* den Willen des Kapitalisten und kann daher auch *gegen* seinen Willen geändert werden.

Bürger Weston illustrierte euch seine Theorie damit, daß, wenn eine Schüssel ein bestimmtes Quantum Suppe zur Speisung einer bestimmten Anzahl von Personen enthalte, ein Breiterwerden der Löffel kein Größerwerden des Quantums Suppe bewirke. Er muß mir schon gestatten, diese Illustration recht ausgelöffelt zu finden. Sie erinnerte mich einigermaßen an das Gleichnis, zu dem Menenius Agrippa seine Zuflucht nahm. Als die römischen Plebejer gegen die römischen Patrizier in den Streik traten, erzählte ihnen der Patrizier Agrippa, daß der patrizische Wanst die plebejischen Glieder des Staatskörpers mit Nahrung versehe. Agrippa blieb den Beweis schuldig, wie jemand die Glieder eines Mannes mit Nahrung versieht, indem er den Wanst eines andern füllt. Bürger Weston für sein Teil hat vergessen, daß die Schüssel, woraus die Arbeiter essen, mit dem ganzen Produkt der nationalen Arbeit gefüllt ist und daß, wenn irgend etwas die Arbeiter hindert, mehr aus der Schüssel herauszuholen, es weder die Enge der Schüssel noch die Dürftigkeit ihres Inhalts ist, sondern einzig und allein die Kleinheit ihrer Löffel.

Welcher Kunstgriff setzt den Kapitalisten in den Stand, für 5 Schilling einen 4-Schilling-Wert zurückzugeben? Die Erhöhung des Preises der von ihm verkauften Ware. Hängt denn nun aber das Steigen, ja überhaupt der Wechsel der Warenpreise, hängen etwa die Warenpreise selbst vom bloßen Willen des Kapitalisten ab? Oder sind nicht vielmehr bestimmte Umstände erforderlich, um diesen Willen wirksam zu machen? Wenn nicht, so werden die Auf- und Abbewegungen, die unaufhörlichen Fluktuationen der Marktpreise zu einem unlösbaren Rätsel.

Sobald wir unterstellen, daß keinerlei Wechsel stattgefunden, weder in der Produktivkraft der Arbeit noch im Belauf des Kapitals und der angewandten Arbeit, noch im Wert des Geldes, worin die Werte der Produkte geschätzt werden, sondern *nur ein Wechsel in der Lohnrate*, wie könnte diese *Lohnsteigerung* die *Warenpreise* beeinflussen? Doch nur, indem sie das bestehende Verhältnis zwischen der Nachfrage nach diesen Waren und ihrem Angebot beeinflußt.

Es ist sehr richtig, daß die Arbeiterklasse, als Ganzes betrachtet, ihr Einkommen in *Lebensmitteln* verausgabt und verausgaben muß. Eine allgemeine Steigerung der Lohnrate würde daher eine Zunahme der Nachfrage nach *Lebensmitteln* und folglich eine Steigerung ihrer *Marktpreise* hervorrufen. Die Kapitalisten, die diese Lebensmittel produzieren, würden für den gestiegnen Lohn mit steigenden Marktpreisen für ihre Waren entschädigt. Wie aber die andern Kapitalisten, die *nicht* Lebensmittel produzieren? Und ihr müßt nicht glauben, daß das eine Handvoll ist. Wenn ihr bedenkt, daß zwei Drittel des nationalen Produkts von einem Fünftel der Bevölkerung — oder sogar nur von einem Siebtel, wie kürzlich ein Mitglied des Hauses der Gemeinen erklärte — konsumiert werden, so begreift ihr, welch bedeutender Bruchteil des nationalen Produkts in Gestalt von Luxusartikeln produziert oder gegen Luxusartikel *ausgetauscht* und welche Unmenge selbst von den Lebensmitteln auf Lakaien, Pferde, Katzen usw. verschwendet werden muß, eine Verschwendung, von der wir aus Erfahrung wissen, daß ihr mit steigenden Lebensmittelpreisen immer bedeutende Einschränkungen auferlegt werden.

Schön, wie wäre nun die Stellung der Kapitalisten, die *nicht* Lebensmittel produzieren? Für das der allgemeinen Lohnsteigerung geschuldete *Fallen der Profitrate* könnten sie sich nicht durch eine *Steigerung des Preises ihrer Waren* schadlos halten, weil die Nachfrage nach diesen Waren nicht gewachsen wäre. Ihr Einkommen wäre geschmälert; und von diesem geschmälerten Einkommen hätten sie mehr zu zahlen für die gleiche Menge im Preise gestiegner Lebensmittel. Aber das wäre noch nicht alles. Da ihr Einkommen vermindert, würden sie weniger auf Luxusartikel zu verausgaben haben, und so würde ihre wechselseitige Nachfrage für ihre respektiven Waren abnehmen. Infolge dieser Abnahme würden die Preise ihrer Waren fallen. Daher würde in diesen Industriezweigen *die Profitrate fallen*, und zwar nicht bloß in einfachem Verhältnis zu der allgemeinen Steigerung der Lohnrate, sondern in zusammengesetzter Proportion zu der allgemeinen Lohnsteigerung, der Preissteigerung der Lebensmittel und dem Preisfall der Luxusartikel.

Welche Folgen hätte *diese Differenz in den Profitraten* für die in den verschiednen Industriezweigen angewandten Kapitalien? Nun, dieselben, die gewöhnlich stattfinden, wenn aus irgendeinem Grund die *Durchschnittsprofitrate* in den verschiednen Produktionssphären eine verschiedene wird. Kapital und Arbeit würden von den weniger Gewinn bringenden nach den mehr Gewinn bringenden Produktionszweigen abfließen; und dieser Abfluß würde so lange fortdauern, bis das Angebot in der einen Abteilung der Industrie im Verhältnis zu der gewachsnen Nachfrage gestiegen und in den andern Abteilungen entsprechend der verminderten Nachfrage gesunken wäre. Sobald diese Änderung eingetreten, wäre die *allgemeine Profitrate* in den verschiednen Zweigen wieder *ausgeglichen*. Da der ganze Umschwung ursprünglich herrührte von einem bloßen Wechsel im Verhältnis der Nachfrage nach und dem Angebot von verschiednen Waren, so würde mit dem Aufhören der Ursache die Wirkung aufhören, und die *Preise* würden auf ihr vorheriges Niveau und ins Gleichgewicht zurückkehren. *Das Fallen der Profitrate*, statt auf einige Industriezweige beschränkt zu bleiben, wäre infolge der Lohnsteigerung *allgemein* geworden. Entsprechend unsrer Unterstellung hätte eine Änderung weder in der Produktivkraft der Arbeit stattgefunden noch im Gesamtbetrag der Produktion, wohl aber *hätte dieser gegebne Betrag der Produktion seine Form geändert*. Ein größerer Teil des Produkts existierte in Gestalt von Lebensmitteln, ein kleinerer in Gestalt von Luxusartikeln, oder, was dasselbe, ein geringerer Teil würde für ausländische Luxusartikel eingetauscht und in seiner ursprünglichen Form verzehrt, oder, was wieder auf dasselbe hinauskommt, ein größrer Teil des heimischen Produkts würde für ausländische Lebensmittel statt für Luxusartikel eingetauscht. Die allgemeine Steigerung der Lohnrate würde daher nach einer vorübergehenden Störung in den Marktpreisen nur ein allgemeines Sinken der Profitrate zur Folge haben, ohne daß die Warenpreise auf die Dauer verändert wären.

Wollte man mir einwenden, ich hätte in dieser Beweisführung angenommen, daß der ganze zuschüssige Arbeitslohn auf Lebensmittel verausgabt werde, so antworte ich, daß ich die günstigste Unterstellung für die Ansicht des Bürgers Weston gemacht habe. Würde der zuschüssige Arbeitslohn auf Artikel verausgabt, die früher nicht in den Konsum der Arbeiter eingingen, so bedürfte der reale Zuwachs ihrer Kaufkraft keines Beweises. Da diese Zunahme der Kaufkraft sich jedoch nur aus einer Erhöhung des Arbeitslohns herleitet, so muß sie exakt der Abnahme der Kaufkraft der Kapitalisten entsprechen. Die *Gesamtnachfrage* nach Waren würde daher nicht *zunehmen*, wohl aber wäre in den Bestandteilen dieser Nachfrage eine *wechselseitige Änderung* eingetreten. Die zunehmende Nachfrage auf der einen Seite würde wettgemacht von der abnehmenden Nachfrage auf der andern Seite. Indem so die Gesamtnachfrage unverändert bliebe, könnte keinerlei Veränderung in den Marktpreisen der Waren stattfinden.

Ihr seid also vor dies Dilemma gestellt: Entweder wird der zuschüssige Arbeitslohn gleichmäßig auf alle Konsumtionsartikel verausgabt — dann muß die Ausdehnung der Nachfrage auf seiten der Arbeiterklasse aufgewogen werden durch die Einschränkung der Nachfrage auf seiten der Kapitalistenklasse — oder der zuschüssige Arbeitslohn wird nur auf einige Artikel verausgabt, deren Marktpreise vorübergehend steigen werden. Dann wird das nachfolgende Steigen der Profitrate in den einen und das nachfolgende Fallen der Profitrate in den andern Industriezweigen einen Wechsel in der Distribution von Kapital und Arbeit hervorrufen, so lange bis das Angebot entsprechend der gestiegnen Nachfrage in der einen Abteilung der Industrie gesteigert und entsprechend der verminderten Nachfrage in den andern gesenkt wird. Unter der einen Voraussetzung wird keine Änderung in den Warenpreisen eintreten. Unter der andern Voraussetzung werden die Tauschwerte der Waren nach einigen Schwankungen der Marktpreise auf das frühere Niveau zurückkehren. Unter beiden Voraussetzungen wird das allgemeine Steigen der Lohnrate in letzter Instanz zu nichts andrem führen als zu einem allgemeinen Fallen der Profitrate.

Um eure Einbildungskraft anzuregen, ersuchte euch Bürger Weston, die Schwierigkeiten zu bedenken, die eine allgemeine Steigerung der englischen Landarbeiterlöhne von 9 auf 18 Schilling hervorrufen würde. Bedenkt, rief er, die ungeheure Steigerung der Nachfrage nach Lebensmitteln und die nachfolgende furchtbare Steigerung ihrer Preise! Nun wißt ihr ja alle, daß der Durchschnittslohn der amerikanischen Landarbeiter sich auf mehr als das Doppelte von dem der englischen beläuft, obgleich die Preise landwirtschaftlicher Produkte in den Vereinigten Staaten niedriger sind als im Vereinigten Königreich, obgleich in den Vereinigten Staaten das gesamte Verhältnis zwischen Kapital und Arbeit das gleiche ist wie in England und obgleich der jährliche Betrag der Produktion in den Vereinigten Staaten viel geringer ist als in England. Warum läutet unser Freund dann die Sturmglocke? Einfach, um uns von der wirklichen Frage abzubringen. Eine plötzliche Lohnsteigerung von 9 auf 18 Schilling wäre eine plötzliche Steigerung von 100 Prozent. Nun, wir debattieren ja gar nicht die Frage, ob die allgemeine Lohnrate in England plötzlich um 100 Prozent erhöht werden könnte. Wir haben überhaupt nichts zu tun mit der *Größe* der Steigerung, welche in jedem praktischen Fall von den gegebnen Umständen abhängen und ihnen angepaßt sein muß. Wir haben nur zu untersuchen, wie eine allgemeine Steigerung der Lohnrate wirkt, selbst wenn sie sich nur auf 1 Prozent beläuft.

Ich lasse die von Freund *Weston* erfundne Steigerung von 100 Prozent auf sich beruhen und mache euch auf die wirkliche Lohnsteigerung aufmerksam, die in Großbritannien von 1849 bis 1859 stattfand.

Euch allen ist die Zehnstundenbill bekannt, oder vielmehr die Zehneinhalbstundenbill, die seit 1848 in Kraft ist. Dies war eine der größten ökonomischen Veränderungen, die unter unsern Augen vorgegangen. Es war das eine plötzliche und unfreiwillige Lohnsteigerung nicht etwa in einigen lokalen Geschäftszweigen, sondern in den führenden Industriezweigen, durch die England den Weltmarkt beherrscht. Sie brachte eine Lohnsteigerung unter ausnehmend ungünstigen Umständen. Dr. Ure, Professor Senior und alle die andern offiziellen ökonomischen Wortführer der Bourgeoisie „bewiesen" — und ich muß sagen, mit viel durchschlagenderen Gründen als Freund Weston —, daß sie die Totenglocke der englischen Industrie läuten werde. Sie bewiesen, daß sie nicht bloß auf eine gewöhnliche Lohnsteigerung hinauslaufe, sondern auf eine durch die Abnahme des Quantums der angewandten Arbeit veranlaßte und darauf gegründete Lohnsteigerung. Sie behaupteten, daß die zwölfte Stunde, die man dem Kapitalisten wegnehmen wolle, grade die einzige Stunde sei, woraus er seinen Profit herleite. Sie drohten mit Abnahme der Akkumulation, Steigerung der Preise, Verlust der Märkte, Schrumpfung der Produktion, daher entspringendem Rückschlag auf die Löhne und schließlichem Ruin. In der Tat erklärten sie Maximilian Robespierres Gesetze über das Maximum[1] für eine Lappalie im Vergleich damit; und in gewissem Sinn hatten sie recht. Schön, was war das Resultat? Steigerung des Geldlohns der Fabrikarbeiter trotz der Verkürzung des Arbeitstags, große Zunahme der Zahl der beschäftigten Fabrikarbeiter, anhaltendes Fallen der Preise ihrer Produkte, wunderbare Entwicklung der Produktivkraft ihrer Arbeit, unerhört fortschreitende Ausdehnung der Märkte für ihre Waren. Zu Manchester, 1860 auf der Tagung der Gesellschaft zur Förderung der Wissenschaft, hörte ich selber Herrn Newman eingestehn, daß er, Dr. Ure, Senior und alle andern offiziellen Leuchten der ökonomischen Wissenschaft sich geirrt hätten, während der Instinkt des Volks recht behalten habe. Ich nenne W. Newman[2] — nicht Professor Francis Newman —, weil er eine hervorragende Stellung in der ökonomischen Wissenschaft einnimmt als Mitarbeiter und Herausgeber von Thomas Tookes „History of Prices" (Geschichte der Preise), diesem prächtigen Werk, das die Geschichte der Preise von 1793 bis 1856 verfolgt. Wenn Freund Westons fixe Idee von einem fixen Lohnbetrag, einem fixen Betrag der Produktion, einem fixen Grad der Produktivkraft der Arbeit, einem fixen und immerwährenden Willen der Kapitalisten und alle seine übrige Fixität und Finalität richtig wäre, so wären Professor Seniors traurige Voraussagen richtig gewesen und unrecht hätte Robert Owen gehabt, der bereits 1816 eine allgemeine Beschränkung des Arbeitstags für den ersten vorbereitenden Schritt zur Befreiung der Arbeiterklasse erklärte und sie, dem landläufigen Vorurteil praktisch zum Trotz, auf eigne Faust in seiner Baumwollspinnerei zu New Lanark durchführte.

---

[1] Die Gesetze über das Maximum, die 1793, während der Französischen Revolution, vom jakobinischen Konvent erlassen wurden, setzten Höchstpreise und Maximallöhne fest. *Die Red.*

[2] Ein Schreibfehler: Marx meint den Ökonomen Newmarch. *Die Red.*

Während eben derselben Periode, in der die Einführung der Zehnstundenbill und die nachfolgende Lohnsteigerung vor sich ging, erfolgte in Großbritannien aus Gründen, die aufzuzählen hier nicht der Ort ist, *eine allgemeine Steigerung der Landarbeiterlöhne.*

Obgleich es für meinen unmittelbaren Zweck nicht erheischt ist, werde ich dennoch, um bei euch keine Mißverständnisse aufkommen zu lassen, einige Vorbemerkungen machen.

Wenn ein Mann erst 2 Schilling Wochenlohn erhält und sein Lohn dann auf 4 Schilling steigt, so ist die *Lohnrate* um 100 Prozent gestiegen. Als Steigerung der *Lohnrate* ausgedrückt scheint dies eine großartige Sache, obgleich der *faktische Lohnbetrag,* 4 Schilling die Woche, noch immer ein miserabel niedriger, ein Hungerlohn wäre. Ihr müßt euch daher von den groß klingenden Prozentzahlen der *Rate* des Arbeitslohns nicht beirren lassen. Ihr müßt immer fragen: Was war der *ursprüngliche* Betrag?

Ferner werdet ihr verstehn, daß, wenn zehn Mann je 2 Schilling die Woche, fünf Mann je 5 Schilling und fünf Mann je 11 Schilling wöchentlich erhielten, die zwanzig Mann zusammen 100 Schilling oder 5 Pfund Sterling wöchentlich erhalten würden. Wenn nun eine sage zwanzigprozentige Steigerung der *Gesamt*summe ihres Wochenlohns stattfände, so gäbe das eine Zunahme von 5 auf 6 Pfd. St. Zögen wir den Durchschnitt, so könnten wir sagen, daß die *allgemeine Lohnrate* um 20 Prozent gestiegen wäre, obgleich in Wirklichkeit der Arbeitslohn der zehn Mann unverändert geblieben, der der einen Gruppe von fünf Mann nur von 5 auf 6 Schilling und der der andern von fünf Mann von 55 auf 70 Schilling[1] gestiegen wäre. Eine Hälfte der Leute hätte ihre Lage überhaupt nicht verbessert, ein Viertel in kaum merklichem Grad und nur ein Viertel hätte sie wirklich verbessert. Indes, im *Durchschnitt* gerechnet, hätte der Gesamtlohnbetrag jener zwanzig Mann um 20 Prozent zu-

---

[1] Für *fünf* Mann. *Die Red.*

genommen und soweit das Gesamtkapital in Betracht kommt, das sie beschäftigt, und die Preise der Waren, die sie produzieren, würde es genau dasselbe sein, als hätten sie alle gleichmäßig an der durchschnittlichen Lohnsteigerung teilgenommen. Was nun den Fall mit der Landarbeit angeht, für die der Lohnstandard in den verschiednen Grafschaften Englands und Schottlands sehr verschieden ist, so wirkte sich die Steigerung sehr ungleich auf ihn aus.

Endlich waren während der Periode, in der jene Lohnsteigerung stattfand, entgegenwirkende Einflüsse am Werk, wie z. B. die durch den Russischen Krieg[1] hervorgerufnen neuen Steuern, die massenhafte Zerstörung der Wohnhäuser der Landarbeiter usw.

Nachdem ich soviel vorausgeschickt, komme ich nun zu der Feststellung, daß von 1849 bis 1859 die Durchschnittsrate der Landarbeiterlöhne Großbritanniens eine *Steigerung von ungefähr 40 Prozent* erfuhr. Ich könnte weitläufige Einzelheiten zum Beweis meiner Behauptung anführen, aber für vorliegenden Zweck betrachte ich es als ausreichend, auf den gewissenhaften und kritischen Vortrag hinzuweisen, den der verstorbne John C. Morton 1860 über „The Forces Used in Agriculture" (Die in der Landwirtschaft angewandten Kräfte) in der Londoner Kunstgesellschaft (Society of Arts) hielt. Morton führt statistische Angaben aus Quittungen und andern authentischen Schriftstücken an, die er in 12 schottischen und 35 englischen Grafschaften bei ungefähr 100 dort ansässigen Pächtern gesammelt.

Gemäß Freund Westons Ansicht, und wenn man damit die gleichzeitige Steigerung des Arbeitslohns der Fabrikarbeiter in Zusammenhang bringt, hätten die Preise der landwirtschaftlichen Produkte während der Periode von 1849 bis 1859 gewaltig steigen müssen. Was aber geschah faktisch? Trotz des Rus-

---

[1] Der Krim-Krieg (1854—1856), den England, Frankreich, Österreich und die Türkei gegen Rußland führten. *Die Red.*

sischen Kriegs und der aufeinanderfolgenden ungünstigen Ernten von 1854 bis 1856 fiel der Durchschnittspreis des Weizens — der das wichtigste landwirtschaftliche Produkt Englands ist — von ungefähr 3 Pfd. St. per Quarter in den Jahren 1838 bis 1848 auf ungefähr 2 Pfd. 10 Schilling per Quarter für die Jahre 1849 bis 1859. Das macht eine Abnahme des Weizenpreises von mehr als 16 Prozent in derselben Zeit, wo die Steigerung der Landarbeiterlöhne im Durchschnitt 40 Prozent betrug. Während derselben Periode, wenn wir ihr Ende mit ihrem Beginn, 1859 mit 1849 vergleichen, nahm der offizielle Pauperismus von 934 419 auf 860 470 ab, was eine Differenz von 73 949 ausmacht. Ich gestehe, das ist eine sehr kleine Abnahme, die überdies in den folgenden Jahren wieder verlorenging, aber immerhin eine Abnahme.

Es kann gesagt werden, daß infolge der Abschaffung der Korngesetze die Einfuhr von ausländischem Korn in der Periode von 1849 bis 1859 sich mehr als verdoppelt hat, verglichen mit der Periode von 1838 bis 1848. Was folgt aber daraus? Von Bürger Westons Standpunkt würde man erwartet haben, daß diese plötzliche, gewaltige und anhaltend zunehmende Nachfrage auf den ausländischen Märkten die Preise der landwirtschaftlichen Produkte dort furchtbar hinaufgeschraubt haben müßte, da die Wirkung einer vergrößerten Nachfrage sich gleich bleibt, ob sie nun vom Ausland oder vom Inland kommt. Was geschah faktisch? Mit Ausnahme einiger Jahre schlechter Ernten bildete das ruinöse Fallen des Kornpreises in dieser ganzen Periode das stehende Thema, worüber in Frankreich deklamiert wurde; die Amerikaner sahen sich immer und immer wieder genötigt, ihr überschüssiges Produkt zu verbrennen; und wenn wir Herrn Urquhart glauben sollen, so schürte Rußland den Bürgerkrieg in den Vereinigten Staaten, weil seine landwirtschaftliche Ausfuhr auf den Kornmärkten Europas durch die Konkurrenz der Yankees geschmälert wurde.

Auf ihre abstrakte Form reduziert, käme Bürger Westons Behauptung auf folgendes hinaus: Jede Steigerung der Nachfrage geht immer auf Basis eines gegebnen Betrags der Produktion vor sich. Sie kann daher *nie das Angebot der nachgefragten Artikel vergrößern*, sondern *nur ihre Geldpreise erhöhn*. Nun lehrt aber die einfachste Beobachtung, daß eine vergrößerte Nachfrage in einigen Fällen die Marktpreise der Waren durchaus unverändert läßt, in andern Fällen ein vorübergehendes Steigen der Marktpreise bewirkt, begleitet von vergrößertem Angebot und wiederum von einem Rückgang der Preise *auf* ihr ursprüngliches Niveau, ja, vielfach sogar *darunter*. Ob die Steigerung der Nachfrage aus zuschüssigem Arbeitslohn oder einer andern Ursache entspringt, ändert nichts an den Bedingungen des Problems. Von Bürger Westons Standpunkt war die allgemeine Erscheinung ebenso schwer zu erklären wie die unter den Ausnahmeumständen einer Lohnsteigerung eintretende Erscheinung. Seine Beweisführung stand daher in keinerlei Zusammenhang mit dem Gegenstand, den wir behandeln. Sie war nur der Ausdruck seiner Hilflosigkeit gegenüber den Gesetzen, wodurch eine Zunahme der Nachfrage, statt eine schließliche Steigerung der Marktpreise hervorzurufen, vielmehr eine Zunahme des Angebots herbeiführt.

III. [Löhne und Geldumlauf]

Am zweiten Tag der Debatte kleidete Freund Weston seine alte Behauptung in neue Formen. Er sagte: Infolge eines allgemeinen Steigens der Geldlöhne sind mehr Zirkulationsmittel zur Zahlung desselben Arbeitslohns erforderlich. Da der Geldumlauf *fix* ist, wie sollen mit diesen fixen Zirkulationsmitteln die erhöhten Geldlöhne bezahlt werden können? Erst ergab sich die Schwierigkeit aus dem fixen Warenquantum, das dem Arbeiter trotz seines vermehrten Geldlohns zukomme; jetzt wird sie trotz des fixen Warenquantums aus dem erhöhten Geldlohn hergeleitet. Lehnt ihr sein ursprüngliches Dogma ab, so verschwinden natürlich seine dadurch verursachten Schwierigkeiten.

Indes werde ich nachweisen, daß diese Frage des Geldumlaufs durchaus nichts mit unserm Gegenstand zu tun hat.

In eurem Land ist der Mechanismus der Zahlungen viel vollkommner als in irgendeinem andern Land Europas. Dank der Größe und Konzentration des Banksystems sind viel weniger Zirkulationsmittel erforderlich zur Zirkulierung desselben Wertbetrags und zur Vollziehung derselben oder einer größeren Anzahl von Geschäften. Soweit der Arbeitslohn in Betracht kommt, gibt ihn z. B. der englische Fabrikarbeiter allwöchentlich bei dem Krämer aus, der ihn jede Woche dem Bankier zuschickt, der ihn seinerseits jede Woche wieder dem Fabrikanten zukommen läßt, der ihn wieder an seine Arbeiter zahlt usw. Vermöge dieser Einrichtung kann der Jahreslohn eines Arbeiters sage von 52 Pfd. St. mit einem einzigen Sovereign bezahlt werden, der allwöchentlich denselben Zirkel beschreibt. In England ist dieser Mechanismus sogar weniger vollkommen als in Schottland, und er ist nicht an allen Orten gleich vollkommen; und daher finden wir z. B., daß in einigen Ackerbaudistrikten im Vergleich zu den Fabrikdistrikten viel mehr Zirkulationsmittel erforderlich sind, um einen viel kleineren Wertbetrag zu zirkulieren.

Wenn ihr den Kanal überquert, so werdet ihr finden, daß dort der *Geldlohn* viel niedriger ist als in England, daß er aber in Deutschland, Italien, der Schweiz und Frankreich vermittelst einer *viel größeren Menge Zirkulationsmittel* zirkuliert wird. Derselbe Sovereign wird vom Bankier nicht so rasch aufgefangen oder zum industriellen Kapitalisten zurückgebracht; und daher bedarf es statt eines Sovereigns, der 52 Pfd. St. im Jahr zirkuliert, vielleicht dreier Sovereigns, um einen Jahreslohn zum Belauf von 25 Pfd. St. zu zirkulieren. Vergleicht ihr somit die Länder des Kontinents mit England, so werdet ihr sofort einsehen, daß niedriger Geldlohn viel mehr Zirkulationsmittel zu seinem Umlauf erheischen kann als hoher Geldlohn, und daß dies in Wirklichkeit eine rein technische Angelegenheit ist, die unserm Gegenstand gänzlich fernliegt.

Gemäß den genausten Berechnungen, die mir bekannt sind, dürfte das jährliche Einkommen der Arbeiterklasse dieses Landes auf 250 Millionen Pfd. St. zu schätzen sein. Diese gewaltige Summe wird mit ungefähr 3 Millionen Pfd. St. zirkuliert. Unterstellt, es fände eine Lohnsteigerung von 50 Prozent statt. Dann wären statt 3 Millionen Pfd. St. Zirkulationsmittel 4½ Millionen Pfd. St. erforderlich. Da ein sehr bedeutender Teil der täglichen Ausgaben des Arbeiters mit Silber- und Kupfermünze, d. h. mit bloßen Wertzeichen, bestritten wird, deren Wertverhältnis zum Gold durch Gesetz konventionell festgestellt ist, ebenso wie das von nicht einlösbarem Papiergeld, so würde eine fünfzigprozentige Steigerung des Geldlohns im schlimmsten Fall eine zusätzliche Zirkulation von Sovereigns zum Belauf von sage einer Million erheischen. Eine Million, die jetzt in Form von Barren oder gemünztem Gold in den Kellern der Bank von England oder von Privatbanken ruht, würde in Umlauf gebracht. Aber selbst die unbedeutenden Ausgaben, die aus der zusätzlichen Prägung oder dem zusätzlichen Verschleiß jener Million erwachsen, könnten und würden tatsächlich gespart werden, wenn infolge zuschüssiger Nachfrage nach Zirkulationsmitteln irgendwelche Reibungen entstehen sollten. Ihr alle wißt, daß die Zirkulationsmittel dieses Landes in zwei große Abteilungen zerfallen. Eine Sorte, die in Banknoten verschiednen Nennwerts geliefert wird, dient in den Umsätzen zwischen Geschäftsleuten und bei größeren Zahlungen von Konsumenten an Geschäftsleute, während im Kleinhandel eine andre Sorte Zirkulationsmittel umläuft, das Metallgeld. Obgleich voneinander unterschieden, vertritt jede der beiden Sorten Zirkulationsmittel die Stelle der andern. So läuft Goldmünze zu einem sehr bedeutenden Betrag selbst bei größeren Zahlungen um, wo es sich bei den zu zahlenden Summen um Überschüsse unter 5 Pfd. St. über runde Summen handelt. Wenn morgen 4- oder 3- oder 2-Pfd. St.-Noten ausgegeben würden, so würden die Goldmünzen, die diese Kanäle der Zirkulation füllen, sofort aus ihnen vertrieben werden und in diejenigen Kanäle strömen, wo sie infolge der Zunahme des Geldlohns benötigt wären. So würde die zuschüssige Million, durch eine fünfzigprozentige Lohnerhöhung erheischt, geliefert werden, ohne daß ein einziger Sovereign zugesetzt zu werden brauchte. Dieselbe Wirkung könnte ohne eine einzige zusätzliche Banknote hervorgebracht werden vermittelst vermehrter Zirkulation von Wechseln, wie dies in Lancashire sehr lange Zeit der Fall war.

Wenn ein allgemeines Steigen der Lohnrate — z. B. von 100 Prozent, wie Bürger Weston es bei den Landarbeiterlöhnen annahm — eine große Steigerung der Lebensmittelpreise hervorriefe und — gemäß seiner Ansicht — einen nicht beschaffbaren Betrag zuschüssiger Zirkulationsmittel erheischte, so müßte ein *allgemeines Fallen des Arbeitslohns* dieselbe Wirkung auf gleicher Stufenleiter in umgekehrter Richtung hervorbringen. Schön! Ihr alle wißt, daß die Jahre 1858 bis 1860 die prosperierendsten für die Baumwollindustrie waren und daß namentlich das Jahr 1860 in dieser Beziehung in den Annalen des Gewerbes einzig dasteht, während zu derselben Zeit auch alle andern Industriezweige eine hohe Blüte erlebten. Die Löhne der Baumwollarbeiter und aller andern mit deren Geschäftszweig verknüpften Arbeiter standen 1860 höher als je zuvor. Die amerikanische Krise kam, und diese gesamten Löhne wurden plötzlich ungefähr auf ein Viertel ihres frühern Betrags herabgesetzt. In umgekehrter Richtung wäre dies eine Steigerung auf 400 Prozent gewesen. Steigt der Arbeitslohn von 5 auf 20, so sagen wir, daß er um 300 Prozent gestiegen sei; fällt er von 20 auf 5, so sagen wir, er sei um 75 Prozent gefallen; aber der Betrag, um den er in dem einen Fall steigt und in dem andern fällt, wäre derselbe, nämlich 15 Schilling. Es war dies nun ein plötzlicher beispielloser Wechsel in der Lohnrate, und zugleich eine Arbeiterzahl in Mitleidenschaft ziehend, die um die Hälfte die Zahl der Landarbeiter überstieg, wenn nicht nur sämtliche direkt in der Baumwollindustrie beschäftigten, sondern auch indirekt von ihr abhängigen Arbeiter mitgerechnet werden. Fiel nun etwa der Weizenpreis? Er *stieg* von einem Jahresdurchschnitt von 47 Schilling 8 Pence per Quarter während der drei Jahre 1858—1860 auf einen Jahresdurchschnitt von 55 Schilling 10 Pence per Quarter während der drei Jahre 1861—1863. Was nun die Zirkulationsmittel angeht, so hatte die Münze 1861 8 673 232 Pfd. St. gegenüber 3 378 102 Pfd. St. im Jahre 1860 geprägt. Das heißt, 1861 war für 5 295 130 Pfd. St. mehr geprägt worden als 1860. Allerdings waren 1861 um 1 319 000 Pfd. St. weniger Banknoten im Umlauf als 1860. Zieht das ab. Bleibt für das Jahr 1861 im Vergleich mit dem Prosperitätsjahr 1860 immer noch ein Überschuß an Zirkulationsmitteln zum Belauf von 3 976 130 Pfd. St. oder ungefähr 4 Millionen Pfd. St.; aber der Goldvorrat der Bank von England hatte gleichzeitig abgenommen, wenn nicht genau, so doch annähernd im gleichen Verhältnis.

Vergleicht das Jahr 1862 mit 1842. Abgesehn von der gewaltigen Zunahme in Wert und Menge der in Zirkulation gesetzten Waren betrug das in regelrechten Umsätzen auf Aktien, Anleihen etc. für die Eisenbahnen in England und Wales eingezahlte Kapital 1862 allein 320 Millionen Pfd. St., eine Summe, die 1842 märchenhaft erschienen wäre. Dennoch waren die Gesamtquanta des 1862 und 1842 umlaufenden Geldes so ziemlich gleich; und überhaupt werdet ihr finden, daß angesichts einer enormen Wertsteigerung nicht nur von Waren, sondern allgemein aller Geldumsätze das umlaufende Geld die Tendenz hat, in wachsendem Maß abzunehmen. Von Freund Westons Standpunkt aus ist dies ein unlösbares Rätsel.

Wäre er etwas tiefer in die Sache eingedrungen, so hätte er gefunden, daß — ganz abgesehn vom Arbeitslohn und ihn als fix unterstellend — Wert und Masse der Waren, die zirkuliert werden sollen, und überhaupt der Betrag der Geldumsätze täglich schwanken; daß die Menge der ausgegebnen Banknoten täglich schwankt; daß der Betrag der Zahlungen, die ohne Dazwischenkunft des Geldes mit Hilfe von Wechseln, Schecks, Buchkrediten, Verrechnungsbanken beglichen werden, täglich schwankt; daß, soweit Bargeld als Zirkulationsmittel erheischt, das Verhältnis zwischen zirkulierender Münze einerseits und anderseits den Münzen und Barren, die in Reserve gehalten werden oder in den Kellern der Banken ruhn, täglich schwankt; daß die Menge ungemünzten Edelmetalls, das von der nationalen Zirkulation absorbiert, und die Menge, die für die internationale Zirkulation ins Ausland geschickt wird, täglich schwanken. Er hätte gefunden, daß sein Dogma von den fixen Zirkulationsmitteln ein ungeheurer Irrtum ist, unvereinbar mit der tagtäglichen Bewegung. Er würde die Gesetze untersucht haben, die es ermöglichen, daß der Geldumlauf sich Umständen anpaßt, die sich so ununterbrochen ändern, statt sein Mißverständnis betreffs der Gesetze des Geldumlaufs in ein Argument gegen eine Lohnsteigerung zu verwandeln.

IV. [Angebot und Nachfrage]

Unser Freund Weston hält sich an das lateinische Sprichwort, daß „repetitio est mater studiorum", d. h. daß die Wiederholung die Mutter des Studiums ist, und demzufolge wiederholte er sein ursprüngliches Dogma unter der neuen Form, daß die Kontraktion des Geldumlaufs, die aus einer Lohnerhöhung resultieren soll, eine Abnahme des Kapitals hervorrufen würde usw. Nachdem seine Geldumlaufsmarotte abgetan, halte ich es für ganz zwecklos, von den imaginären Folgen Notiz zu nehmen, die seiner Einbildung nach aus seinen imaginären Zirkulationsmißgeschicken entstehn. Ich will nunmehr sein *Dogma*, das immer *ein und dasselbe* ist, in wieviel verschiednen Gestalten es auch wiederholt wird, *auf seinen einfachsten theoretischen Ausdruck* reduzieren.

Die unkritische Art, worin er seinen Gegenstand behandelt hat, wird aus einer einzigen Bemerkung klar. Er spricht sich gegen eine Lohnsteigerung oder gegen hohen Arbeitslohn als Resultat einer solchen Steigerung aus. Nun frage ich ihn: Was ist hoher und was ist niedriger Arbeitslohn? Warum bedeuten

32

z. B. 5 Schilling einen niedrigen und 20 Schilling einen hohen Wochenlohn? Wenn 5 verglichen mit 20 niedrig ist, so ist 20 noch niedriger verglichen mit 200. Wenn jemand, der eine Vorlesung über das Thermometer zu halten hat, damit anfinge, über hohe und niedrige Grade zu deklamieren, so würde er keinerlei Kenntnisse vermitteln. Er müßte mir zunächst einmal sagen, wie der Gefrierpunkt gefunden wird und wie der Siedepunkt, und wie diese Festpunkte durch Naturgesetze bestimmt werden, nicht durch die Laune der Verkäufer oder Hersteller von Thermometern. Mit Bezug auf Arbeitslohn und Profit hat Bürger Weston es nun nicht nur unterlassen, solche Festpunkte aus ökonomischen Gesetzen abzuleiten, er hat es nicht einmal für nötig befunden, sich danach umzusehn. Er gab sich damit zufrieden, die landläufigen Vulgärausdrücke „niedrig" und „hoch" als eindeutige Ausdrücke hinzunehmen, obgleich es in die Augen springt, daß Arbeitslöhne nur hoch oder niedrig genannt werden können, wenn man sie mit einem Standard vergleicht, woran ihre Größen zu messen wären.

Er wird nicht imstande sein, mir zu erklären, warum ein bestimmter Geldbetrag für eine bestimmte Arbeitsmenge gegeben wird. Sollte er mir antworten, „Dies wurde durch das Gesetz von Angebot und Nachfrage bestimmt", so würde ich ihn zunächst einmal fragen, durch welches Gesetz denn Angebot und Nachfrage selbst reguliert werden. Und dieser Einwand würde ihn sofort außer Gefecht setzen. Die Beziehungen zwischen Angebot und Nachfrage von Arbeit erfahren fortwährend Veränderungen und mit ihnen auch die Marktpreise der Arbeit. Wenn die Nachfrage das Angebot übersteigt, so erhöht sich der Arbeitslohn; wenn das Angebot die Nachfrage übersteigt, so sinkt der Arbeitslohn, obgleich es unter diesen Umständen notwendig werden könnte, den wirklichen Stand von Nachfrage und Zufuhr durch einen Streik z. B. oder in andrer Weise zu *ermitteln*. Erkennt ihr aber Angebot und Nachfrage als das den Arbeitslohn regelnde Gesetz an, so wäre es ebenso kindisch als zwecklos, gegen eine Lohnsteigerung zu wettern, weil eine periodische Lohnsteigerung gemäß dem obersten Gesetz, auf das ihr euch beruft, ebenso notwendig und gesetzmäßig ist wie ein periodisches Fallen des Arbeitslohns. Wenn ihr dagegen Angebot und Nachfrage *nicht* als das den Arbeitslohn regelnde Gesetz anerkennt, so frage ich nochmals, warum ein bestimmter Geldbetrag für eine bestimmte Arbeitsmenge gegeben wird?

Um aber die Sache umfassender zu betrachten: Ihr wärt sehr auf dem Holzweg, falls ihr glaubtet, daß der Wert der Arbeit oder jeder beliebigen andern Ware in letzter Instanz durch Angebot und Nachfrage festgestellt werde. Angebot und Nachfrage regeln nichts als die vorübergehenden *Fluktuationen* der Marktpreise. Sie werden euch erklären, warum der Marktpreis einer Ware über ihren *Wert* steigt oder unter ihn fällt, aber sie können nie über diesen *Wert* selbst Aufschluß geben. Unterstellt, daß Angebot und Nachfrage sich die Waage halten oder, wie die Ökonomen das nennen, einander decken. Nun, im selben Augenblick, wo diese entgegengesetzten Kräfte gleich werden, heben sie einander auf und wirken nicht mehr in der einen oder der andern Richtung. In dem Augenblick, wo Angebot und Nachfrage einander die Waage halten und daher zu wirken aufhören, fällt der *Marktpreis* einer Ware mit ihrem *wirklichen Wert*, mit dem Normalpreis zusammen, um den ihre Marktpreise oszillieren. Bei Untersuchung der Natur dieses *Werts* haben wir daher mit den vorübergehenden Einwirkungen von Angebot und Nachfrage auf die Marktpreise nichts mehr zu schaffen. Das gleiche gilt vom Arbeitslohn wie von den Preisen aller andern Waren.

V. [Löhne und Preise]

Auf ihren einfachsten theoretischen Ausdruck reduziert, lösen sich alle Argumente unsres Freundes in das einzige Dogma auf: „*Die Warenpreise werden bestimmt oder geregelt durch die Arbeitslöhne.*"

Ich könnte mich auf die praktische Beobachtung berufen, um Zeugnis abzulegen gegen diesen längst überholten und um allen Kredit gekommnen Trugschluß. Ich könnte darauf hinweisen, daß die englischen Fabrikarbeiter, Bergleute, Schiffbauer usw., deren Arbeit relativ hoch bezahlt wird, durch die Wohlfeilheit ihres Produkts alle andern Nationen ausstechen; während z. B. den englischen Landarbeiter, dessen Arbeit relativ niedrig bezahlt wird, wegen der Teuerkeit seines Produkts fast jede andre Nation aussticht. Durch Vergleichung zwischen Artikeln ein und desselben Landes und zwischen Waren verschiedner Länder könnte ich — von einigen mehr scheinbaren als wirklichen Ausnahmen abgesehn — nachweisen, daß im Durchschnitt hochbezahlte Arbeit Waren mit niedrigem Preis und niedrig bezahlte Arbeit Waren mit hohem Preis produziert. Dies wäre natürlich kein Beweis dafür, daß der hohe Preis der Arbeit in dem einen und ihr niedriger Preis in dem andern Fall die respektiven Ursachen so diametral entgegengesetzter Wirkungen sind, wohl aber wäre dies jedenfalls ein Beweis, daß die Preise der Waren nicht von den Preisen der Arbeit bestimmt werden. Indes ist es ganz überflüssig für uns, diese empirische Methode anzuwenden.

Es könnte vielleicht bestritten werden, daß Bürger Weston das Dogma aufgestellt hat: *„Die Warenpreise werden bestimmt oder geregelt durch die Arbeitslöhne."* Er hat es in der Tat niemals ausgesprochen. Er sagte vielmehr, daß Profit und Rente ebenfalls Bestandteile der Warenpreise bilden, weil es die Warenpreise seien, woraus nicht bloß die Löhne des Arbeiters, sondern auch die Profite des Kapitalisten und die Renten des Grundeigentümers bezahlt werden müssen. Wie stellt er sich aber die Preisbildung vor? Zunächst durch den Arbeitslohn. Sodann wird ein zuschüssiger Prozentsatz zugunsten des Kapitalisten und ein weitrer zugunsten des Grundeigentümers daraufgeschlagen. Unterstellt, der Lohn für die in der Produktion einer Ware angewandte Arbeit sei 10. Wäre die Profitrate 100 Prozent, so würde der Kapitalist auf den vorgeschoßnen

Arbeitslohn 10 aufschlagen, und wenn die Rentrate ebenfalls 100 Prozent auf den Arbeitslohn betrüge, so würden weitere 10 aufgeschlagen und der Gesamtpreis der Ware beliefe sich auf 30. Eine solche Bestimmung der Preise wäre aber einfach ihre Bestimmung durch den Arbeitslohn. Stiege im obigen Fall der Arbeitslohn auf 20, so der Preis der Ware auf 60 usw. Demzufolge haben alle überholten ökonomischen Schriftsteller, die dem Dogma, daß der Arbeitslohn die Preise reguliere, Anerkennung verschaffen wollten, es damit zu beweisen gesucht, daß sie Profit und Rente *als bloße prozentuale Aufschläge auf den Arbeitslohn* behandelten. Keiner von ihnen war natürlich imstande, die Grenzen dieser Prozentsätze auf irgendein ökonomisches Gesetz zu reduzieren. Sie scheinen vielmehr gedacht zu haben, die Profite würden durch Tradition, Gewohnheit, den Willen des Kapitalisten oder nach irgendeiner andern gleicherweise willkürlichen und unerklärlichen Methode festgesetzt. Wenn sie versichern, die Konkurrenz unter den Kapitalisten setze sie fest, so sagen sie gar nichts. Zweifellos ist es diese Konkurrenz, wodurch die verschiednen Profitraten in den verschiednen Geschäftszweigen ausgeglichen oder auf ein Durchschnittsniveau reduziert werden, aber nie kann sie dies Niveau selbst oder die allgemeine Profitrate bestimmen.

Was ist gemeint, wenn man sagt, daß die Warenpreise durch den Arbeitslohn bestimmt seien? Da Arbeitslohn nur ein andrer Name für den Preis der Arbeit, so ist damit gemeint, daß die Preise der Waren durch den Preis der Arbeit reguliert werden. Da „*Preis*" Tauschwert ist — und wo ich von Wert spreche, ist immer von Tauschwert die Rede —, also Tausch*wert in Geld ausgedrückt*, so läuft der Satz darauf hinaus, daß „der *Wert der Waren bestimmt wird durch den Wert der Arbeit*" oder daß „der *Wert der Arbeit der allgemeine Wertmesser ist*".

Wie aber wird dann der „*Wert der Arbeit*" selbst bestimmt? Hier kommen wir an einen toten Punkt. An einen toten Punkt natürlich nur, wenn wir logisch zu folgern versuchen. Die Prediger jener Doktrin machen mit logischen Skrupeln allerdings kurzen Prozeß. Unser Freund Weston zum Beispiel. Erst erklärte er uns, daß der Arbeitslohn den Warenpreis bestimme und daß folglich mit dem Steigen des Arbeitslohns die Preise steigen müßten. Dann machte er eine Wendung, um uns weiszumachen, eine Lohnsteigerung sei zu nichts gut, weil die Warenpreise gestiegen wären und weil die Löhne in der Tat durch die Preise der Waren, worauf sie verausgabt, gemessen würden. Somit beginnen wir mit der Behauptung, daß der Wert der Arbeit den Wert der Waren bestimme, und enden mit der Behauptung, daß der Wert der Waren den Wert der Arbeit bestimme. So drehen wir uns in einem höchst fehlerhaften Kreislauf und kommen überhaupt zu keinem Schluß.

Alles in allem ist es klar, daß, wenn man den Wert einer Ware, sage von Arbeit, Korn oder jeder andern Ware, zum allgemeinen Maß und Regulator des Werts macht, man die Schwierigkeit bloß von sich abschiebt, da man einen Wert durch einen andern bestimmt, der seinerseits wieder der Bestimmung bedarf.

Auf seinen abstraktesten Ausdruck gebracht, läuft das Dogma, daß „der Arbeitslohn die Warenpreise bestimmt", darauf hinaus, daß „Wert durch Wert bestimmt ist", und diese Tautologie bedeutet, daß wir in Wirklichkeit überhaupt nichts über den Wert wissen. Halten wir uns an diese Prämisse, so wird alles Räsonieren über die allgemeinen Gesetze der politischen Ökonomie zu leerem Geschwätz. Es war daher das große Verdienst Ricardos, daß er in seinem 1817 veröffentlichten Werk „On the Principles of Political Economy" (Über die Grundsätze der politischen Ökonomie) den alten landläufigen und abgedroschnen Trugschluß, wonach „der Arbeitslohn die Preise bestimmt", von Grund aus zunichte machte, einen Trugschluß, den Adam Smith und seine französischen Vorgänger in den wirklich wissenschaftlichen Partien ihrer Untersuchungen aufgegeben hatten, den sie aber in den mehr exoterischen und verflachenden Kapiteln dennoch wieder aufnahmen.

VI. [Wert und Arbeit]

Bürger, ich bin jetzt an einen Punkt gelangt, wo ich auf die wirkliche Entwicklung der Frage eingehn muß. Ich kann nicht versprechen, daß ich dies in sehr zufriedenstellender Weise tun werde, weil ich sonst gezwungen wäre, das ganze Gebiet der politischen Ökonomie durchzunehmen. Ich kann, wie die Franzosen sagen würden, bloß „effleurer la question" (die Frage streifen), die Hauptpunkte berühren.

Die erste Frage, die wir stellen müssen, ist die: Was ist der *Wert* einer Ware? Wie wird er bestimmt?

Auf den ersten Blick möchte es scheinen, daß der Wert einer Ware etwas ganz *Relatives* und ohne die Betrachtung der einen Ware in ihren Beziehungen zu allen andern Waren gar nicht zu Bestimmendes ist. In der Tat, wenn wir vom Wert, vom Tauschwert einer Ware sprechen, meinen wir die quantitativen Proportionen, worin sie sich mit allen andern Waren austauscht. Aber dann erhebt sich die Frage: Wie werden die Proportionen reguliert, in denen Waren sich miteinander austauschen?

Wir wissen aus Erfahrung, daß diese Proportionen unendlich mannigfaltig sind. Nehmen wir eine einzelne Ware, z. B. Weizen, so finden wir, daß ein Quarter Weizen sich in fast unzähligen Variationen von Proportionen mit den verschiedensten Waren austauscht. Indes, *da sein Wert stets derselbe bleibt*, ob in Seide, Gold oder irgendeiner andern Ware ausgedrückt, so muß er etwas von diesen verschiednen Raten des *Austausches* mit verschiednen Artikeln Unterschiedliches und Unabhängiges sein. Es muß möglich sein, diese mannigfachen Gleichsetzungen mit mannigfachen Waren in einer davon sehr verschiednen Form auszudrücken.

Sage ich ferner, daß ein Quarter Weizen sich in bestimmter Proportion mit Eisen austauscht, oder daß der Wert eines Quarters Weizen in einer bestimmten Menge Eisen ausgedrückt wird, so sage ich, daß der Weizenwert und sein Äquivalent in Eisen *irgendeinem Dritten* gleich sind, das weder Weizen noch

Eisen ist, weil ich ja beide als dieselbe Größe in zwei verschiednen Gestalten ausdrückend unterstelle. Jedes der beiden, der Weizen oder das Eisen, muß daher unabhängig vom andern reduzierbar sein auf dies Dritte, das ihr gemeinsames Maß ist.

Ein ganz einfaches geometrisches Beispiel veranschauliche dies. Wie verfahren wir, wenn wir die Flächeninhalte von Dreiecken aller erdenklichen Form und Größe oder von Dreiecken mit Rechtecken oder andern gradlinigen Figuren vergleichen? Wir reduzieren den Flächeninhalt jedes beliebigen Dreiecks auf einen von seiner sichtbaren Form ganz verschiednen Ausdruck. Nachdem wir aus der Natur des Dreiecks gefunden, daß sein Flächeninhalt gleich ist dem halben Produkt aus seiner Grundlinie und seiner Höhe, können wir nunmehr die verschiednen Flächeninhalte aller Arten von Dreiecken und aller erdenklichen gradlinigen Figuren miteinander vergleichen, weil sie alle in eine bestimmte Anzahl von Dreiecken zerlegt werden können.

Dieselbe Verfahrungsweise muß bei den Werten der Waren stattfinden. Wir müssen imstande sein, sie alle auf einen allen gemeinsamen Ausdruck zu reduzieren und sie nur durch die Proportionen zu unterscheiden, worin sie eben jenes und zwar identische Maß enthalten.

Da die *Tauschwerte* der Waren nur *gesellschaftliche Funktionen* dieser Dinge sind und gar nichts zu tun haben mit ihren *natürlichen* Qualitäten, so fragt es sich zunächst: Was ist die gemeinsame *gesellschaftliche Substanz* aller Waren? Es ist die *Arbeit*. Um eine Ware zu produzieren, muß eine bestimmte Menge Arbeit auf sie verwendet oder in ihr aufgearbeitet werden. Dabei sage ich nicht bloß *Arbeit*, sondern *gesellschaftliche Arbeit*. Wer einen Artikel für seinen eignen unmittelbaren Gebrauch produziert, um ihn selbst zu konsumieren, schafft zwar ein *Produkt*, aber keine *Ware*. Als selbstwirtschaftender Produzent hat er nichts mit der Gesellschaft zu tun. Aber um eine *Ware* zu produzieren, muß der von ihm produzierte Artikel nicht nur irgendein *gesellschaftliches* Bedürfnis befriedigen, sondern seine Arbeit selbst muß Bestandteil und Bruchteil der von der Gesellschaft verausgabten Gesamtarbeitssumme bilden. Seine Arbeit muß unter die *Teilung der Arbeit innerhalb der Gesellschaft* subsumiert sein. Sie ist nichts ohne die andern Teilarbeiten, und es ist erheischt, daß sie für ihr Teil sie *ergänzt*.

Wenn wir *Waren als Werte* betrachten, so betrachten wir sie ausschließlich unter dem einzigen Gesichtspunkt der in ihnen *vergegenständlichten, dargestellten* oder, wenn es beliebt, *kristallisierten gesellschaftlichen Arbeit*. In dieser Hinsicht können sie sich nur *unterscheiden* durch die in ihnen repräsentierten größeren oder kleineren Arbeitsquanta, wie z. B. in einem seidnen Schnupftuch eine größere Arbeitsmenge aufgearbeitet sein mag als in einem Ziegelstein. Wie aber mißt man *Arbeitsquanta*? Nach der *Dauer der Arbeitszeit*, indem man die Arbeit nach Stunde, Tag etc. mißt. Um dieses Maß anzuwenden, reduziert man natürlich alle Arbeitsarten auf durchschnittliche oder einfache Arbeit als ihre Einheit.

Wir kommen daher zu folgendem Schluß. Eine Ware hat *Wert*, weil sie *Kristallisation gesellschaftlicher Arbeit* ist. Die *Größe* ihres Werts oder ihr *relativer* Wert hängt ab von der größeren oder geringeren Menge dieser in ihr enthaltnen gesellschaftlichen Substanz; d. h. von der zu ihrer Produktion notwendigen relativen Arbeitsmasse. Die *relativen Werte der Waren* werden daher bestimmt durch die *respektiven in ihnen aufgearbeiteten, vergegenständlichten, dargestellten Quanta oder Mengen von Arbeit*. Die *korrelativen* Warenquanta, die in *derselben Arbeitszeit* produziert werden können, sind *gleich*. Oder der Wert einer Ware verhält sich zum Wert einer andern Ware wie das Quantum der in der einen Ware dargestellten Arbeit zu dem Quantum der in der andern Ware dargestellten Arbeit.

Ich habe den Verdacht, daß viele von euch fragen werden: Besteht denn in der Tat ein so großer, oder überhaupt irgendein Unterschied zwischen der Bestimmung der Werte der Waren durch den *Arbeitslohn* und ihrer Bestimmung durch die *relativen Arbeitsquanta*, die zu ihrer Produktion notwendig? Ihr müßt indes gewahr geworden sein, daß das *Entgelt* für die Arbeit und das *Quantum* der Arbeit ganz verschiedenartige Dinge sind. Unterstellt z. B., in einem Quarter Weizen und einer Unze Gold seien *gleiche Arbeitsquanta* dargestellt. Ich greife auf das Beispiel zurück, weil Benjamin Franklin es in seinem ersten Essay benutzt hat, der 1729[1] unter dem Titel „A Modest Inquiry into the Nature and Necessity of a Paper Currency" (Bescheidene Untersuchung über Natur und Notwendigkeit einer Papierwährung) zum Druck befördert wurde und worin er als einer der ersten der wahren Natur des Werts auf die Spur kam. Schön. Wir unterstellen nun, daß ein Quarter Weizen und eine Unze Gold *gleiche Werte* oder *Äquivalente* sind, weil sie *Kristallisationen gleicher Mengen von Durchschnittsarbeit* soundso vieler jeweils in ihnen dargestellter Arbeitstage oder -wochen sind. Nehmen wir nun dadurch, daß wir die relativen Werte von Gold und Korn bestimmen, in irgendeiner Weise Bezug auf die Arbeitslöhne des Landarbeiters und des Bergarbeiters? Nicht im geringsten. Wir lassen es ganz *unbestimmt*, *wie* ihre Tages- oder Wochenarbeit bezahlt, ja ob überhaupt Lohnarbeit angewandt worden ist. Geschah dies, so kann der Arbeitslohn sehr ungleich gewesen sein. Der Arbeiter, dessen Arbeit in dem Quarter Weizen vergegenständlicht ist, mag bloß 2 Bushel, der im Bergbau beschäftigte Arbeiter mag die eine Hälfte der Unze Gold erhalten haben. Oder, ihre Arbeitslöhne als gleich unterstellt, es können diese in allen erdenklichen Proportionen abweichen von den Werten der von ihnen produzierten Waren. Sie können sich auf die Hälfte, ein Drittel, ein Viertel, ein Fünftel oder jeden andern aliquoten Teil des einen Quarters Korn oder der einen Unze Gold belaufen. Ihre *Arbeitslöhne* können natürlich die Werte der von ihnen produzierten Waren nicht *überschreiten*, nicht

---

[1] Im Manuskript irrtümlich: 1721 statt 1729. *Die Red.*

größer sein, wohl aber können sie in jedem möglichen Grad *geringer* sein. Ihre *Arbeitslöhne* werden ihre *Grenze haben* an den *Werten* der Produkte, aber die *Werte ihrer Produkte* werden nicht ihre Grenze haben an ihren Arbeitslöhnen. Was indes die Hauptsache: die Werte, die relativen Werte von Korn und Gold z. B., wären ohne jede Rücksicht auf den Wert der angewandten Arbeit, d. h. den *Arbeitslohn*, festgesetzt worden. Die Bestimmung der Werte der Waren durch die in ihnen *dargestellten relativen Arbeitsquanta* ist daher etwas durchaus Verschiednes von der tautologischen Manier, die Werte der Waren durch den Wert der Arbeit oder den *Arbeitslohn* zu bestimmen. Dieser Punkt wird indes im Fortgang unsrer Untersuchung noch näher beleuchtet werden.

Bei Berechnung des Tauschwerts einer Ware müssen wir zu dem Quantum der *zuletzt* auf sie angewandten Arbeit noch das *früher* in dem Rohstoff der Ware aufgearbeitete Arbeitsquantum hinzufügen, ferner die Arbeit, die auf Geräte, Werkzeuge, Maschinerie und Baulichkeiten verwendet worden, die bei dieser Arbeit mitwirken. Zum Beispiel ist der Wert einer bestimmten Menge Baumwollgarn die Kristallisation des Arbeitsquantums, das der Baumwolle während des Spinnprozesses zugesetzt worden, des Arbeitsquantums, das früher in der Baumwolle selbst vergegenständlicht worden, des Arbeitsquantums, vergegenständlicht in Kohle, Öl und andern verbrauchten Hilfsstoffen, des Arbeitsquantums, dargestellt in der Dampfmaschine, den Spindeln, den Fabrikgebäuden usw. Produktionsinstrumente im eigentlichen Sinn, wie Werkzeuge, Maschinerie, Baulichkeiten, dienen für eine längere oder kürzere Periode immer aufs neue während wiederholter Produktionsprozesse. Würden sie auf einmal aufgenutzt wie der Rohstoff, so würde ihr ganzer Wert auf einmal auf die Waren übertragen, bei deren Produktion sie mitwirken. Da aber eine Spindel z. B. nur nach und nach aufgenutzt wird, so wird auf Grund der Durchschnittszeit, die sie dauert, und ihrer durchschnittlichen Abnutzung oder Verschleißung während einer bestimmten Periode, sage eines Tages, eine Durchschnittsberechnung angestellt. Auf diese Weise berechnen wir, wieviel vom Wert der Spindel auf das täglich gesponnene Garn übertragen wird und wieviel daher von der Gesamtmenge der z. B. in einem Pfund Garn vergegenständlichten Arbeit auf die früher in der Spindel vergegenständlichte Arbeit kommt. Für unsern gegenwärtigen Zweck ist es nicht notwendig, länger bei diesem Punkt zu verweilen.

Es könnte scheinen, daß, wenn der Wert einer Ware bestimmt ist durch das *auf ihre Produktion verwendete Arbeitsquantum*, je fauler oder ungeschickter ein Mann, desto wertvoller seine Ware, weil die Zeit desto größer, die zur Verfertigung der Ware erheischt. Dies wäre jedoch ein bedauerlicher Irrtum. Ihr werdet euch erinnern, daß ich das Wort „*gesellschaftliche* Arbeit" gebrauchte, und diese Qualifizierung „*gesellschaftlich*" schließt viele Momente in sich. Sagen wir, der Wert einer Ware werde bestimmt durch das in ihr aufgearbeitete oder kristallisierte *Arbeitsquantum*, so meinen wir *das Arbeitsquantum, notwendig* zu ihrer Produktion in einem gegebnen Gesellschaftszustand, unter bestimmten gesellschaftlichen Durchschnittsbedingungen der Produktion, mit einer gegebnen gesellschaftlichen Durchschnittsintensität und Durchschnittsgeschicklichkeit der angewandten Arbeit. Als in England der Dampfwebstuhl mit dem Handwebstuhl zu konkurrieren begann, ward nur halb so viel Arbeitszeit erforderlich wie früher, um eine gegebne Menge Garn in eine Elle Baumwollgewebe oder Tuch zu verwandeln. Der arme Handweber arbeitete jetzt 17 oder 18 Stunden täglich statt 9 oder 10 Stunden früher. Aber das Produkt seiner zwanzigstündigen Arbeit repräsentierte jetzt nur noch 10 gesellschaftliche Arbeitsstunden oder 10 Arbeitsstunden, gesellschaftlich notwendig, um eine bestimmte Menge Garn in Textilstoffe zu verwandeln. Das Produkt seiner 20 Stunden hatte daher nicht mehr Wert als das Produkt seiner frühern 10 Stunden.

Wenn nun das Quantum der in den Waren vergegenständlichten gesellschaftlich notwendigen Arbeit ihre Tauschwerte reguliert, so muß jede Zunahme des zur Produktion einer Ware erforderlichen Arbeitsquantums ebenso ihren Wert vergrößern, wie jede Abnahme ihn vermindern muß.

Blieben die zur Produktion der respektiven Waren notwendigen respektiven Arbeitsquanta konstant, so wären ihre relativen Werte ebenfalls konstant. Dies ist jedoch nicht der Fall. Das zur Produktion einer Ware notwendige Arbeitsquantum wechselt ständig mit dem Wechsel in der Produktivkraft der angewandten Arbeit. Je größer die Produktivkraft der Arbeit, desto mehr Produkt wird in gegebner Arbeitszeit verfertigt; und je geringer die Produktivkraft der Arbeit, desto weniger. Ergibt sich z. B. durch das Wachstum der Bevölkerung die Notwendigkeit, minder fruchtbaren Boden in Bebauung zu nehmen, so könnte dieselbe Menge Produkt nur erzielt werden, wenn eine größere Menge Arbeit verausgabt würde, und der Wert des landwirtschaftlichen Produkts würde folglich steigen. Anderseits, wenn ein einzelner Spinner mit modernen Produktionsmitteln in einem Arbeitstag eine viel tausendmal größere Menge Baumwolle in Garn verwandelt, als er in derselben Zeit mit dem Spinnrad hätte verspinnen können, so ist es klar, daß jedes einzelne Pfund Baumwolle viel tausendmal weniger Spinnarbeit aufsaugen wird als vorher und folglich der durch das Spinnen jedem einzelnen Pfund Baumwolle zugesetzte Wert tausendmal kleiner sein wird als vorher. Der Wert des Garns wird entsprechend sinken.

Abgesehn von den Unterschieden in den natürlichen Energien und den erworbnen Arbeitsgeschicken verschiedner Völker muß die Produktivkraft der Arbeit in der Hauptsache abhängen:

Erstens von den *Natur*bedingungen der Arbeit, wie Fruchtbarkeit des Bodens, Ergiebigkeit der Minen usw.

Zweitens von der fortschreitenden Vervollkommnung der *gesellschaftlichen Kräfte der Arbeit*, wie sie sich herleiten aus

Produktion auf großer Stufenleiter, Konzentration des Kapitals und Kombination der Arbeit, weitergehender Teilung der Arbeit, Maschinerie, verbesserten Methoden, Anwendung chemischer und andrer natürlicher Kräfte, Zusammendrängung von Zeit und Raum durch Kommunikations- und Transportmittel, und aus jeder andern Einrichtung, wodurch die Wissenschaft Naturkräfte in den Dienst der Arbeit zwingt und wodurch der gesellschaftliche oder kooperierte Charakter der Arbeit zur Entwicklung gelangt. Je größer die Produktivkraft der Arbeit, desto kleiner die auf eine gegebne Menge Produkt verwendete Arbeit; desto kleiner also der Wert des Produkts. Je geringer die Produktivkraft der Arbeit, desto größer die auf dieselbe Menge Produkt verwendete Arbeit; desto größer also sein Wert. Als allgemeines Gesetz können wir daher aufstellen:

Die Werte der Waren wechseln direkt wie die auf ihre Produktion angewandten Arbeitszeiten und umgekehrt wie die Produktivkraft der angewandten Arbeit.

Nachdem ich bis jetzt nur vom Wert gesprochen, werde ich noch einige Worte hinzufügen über den *Preis,* der eine eigentümliche Form ist, die der Wert annimmt.

Preis ist an sich nichts als der *Geldausdruck des Werts.* Hierzulande z. B. werden die Werte aller Waren in Goldpreisen, auf dem Kontinent dagegen hauptsächlich in Silberpreisen ausgedrückt. Der Wert von Gold oder Silber wie der aller andern Waren wird reguliert von dem zu ihrer Erlangung notwendigen Arbeitsquantum. Eine bestimmte Menge eurer einheimischen Produkte, worin ein bestimmter Betrag eurer nationalen Arbeit kristallisiert ist, tauscht ihr aus gegen das Produkt der Gold und Silber produzierenden Länder, in welchem ein bestimmtes Quantum *ihrer* Arbeit kristallisiert ist. Es ist in dieser Weise, faktisch durch Tauschhandel, daß ihr lernt, die Werte aller Waren, d. h. die respektiven auf sie verwendeten Arbeitsquanta, in Gold und Silber auszudrücken. *Den Geldausdruck des Werts* etwas näher betrachtet, oder, was dasselbe, *die Verwandlung des Werts in Preis,* werdet ihr finden, daß dies ein Verfahren ist, wodurch ihr den *Werten* aller Waren eine *unabhängige* und *homogene Form* verleiht oder sie als Quanta *gleicher* gesellschaftlicher Arbeit ausdrückt. Soweit der Preis nichts ist als der Geldausdruck des Werts, hat ihn Adam Smith den „natural price" (natürlichen Preis), haben ihn die französischen Physiokraten[1] den „prix nécessaire" (notwendigen Preis) genannt.

Welche Beziehung besteht nun zwischen *Werten* und *Marktpreisen* oder zwischen *natürlichen Preisen* und *Marktpreisen?* Ihr alle wißt, daß der *Marktpreis* für alle Waren derselben Art *derselbe* ist, wie verschieden immer die Bedingungen der Produktion für die einzelnen Produzenten sein mögen. Die Marktpreise drücken nur die unter den Durchschnittsbedingungen der Produktion für die Versorgung des Markts mit einer bestimmten Masse eines bestimmten Artikels notwendige *Durchschnittsmenge gesellschaftlicher Arbeit* aus. Er wird aus der Gesamtheit aller Waren einer bestimmten Gattung errechnet.

Soweit fällt der *Marktpreis* einer Ware mit ihrem *Wert* zusammen. Anderseits hängen die Oszillationen der Marktpreise bald über bald unter den Wert oder natürlichen Preis ab von den Fluktuationen des Angebots und der Nachfrage. Abweichungen der Marktpreise von den Werten erfolgen also ständig, aber, sagt Adam Smith: „Der natürliche Preis ist also gewissermaßen das Zentrum, zu dem die Preise aller Waren beständig gravitieren. Verschiedene Zufälle können sie mitunter hoch darüber erheben und manchmal darunter herabdrücken. Welches aber immer die Umstände sein mögen, die sie hindern, in diesem Zentrum der Ruhe und Beharrung zum Stillstand zu kommen, sie streben ihm beständig zu."

---

[1] Vertreter einer ökonomischen Lehre im 18. Jahrhundert in Frankreich, die im Gegensatz zum Merkantilismus die Quelle des Mehrwerts nicht im Handel, sondern in der Produktion sah, jedoch die Grundrente für die einzige Form des Mehrwerts hielt und daher nur die landwirtschaftliche Arbeit als die einzige produktive Arbeit betrachtete. *Die Red.*

Ich kann jetzt nicht näher auf diesen Punkt eingehn. Es genügt zu sagen, daß, *wenn* Angebot und Nachfrage einander die Waage halten, die Marktpreise der Waren ihren natürlichen Preisen entsprechen werden, d. h. ihren durch die respektiven zu ihrer Produktion erheischten Arbeitsquanta bestimmten Werten. Aber Angebot und Nachfrage *müssen* einander ständig auszugleichen streben, obgleich dies nur dadurch geschieht, daß eine Fluktuation durch eine andre, eine Zunahme durch eine Abnahme aufgehoben wird und umgekehrt. Wenn ihr, statt nur die täglichen Fluktuationen zu betrachten, die Bewegung der Marktpreise für längere Perioden analysiert, wie dies z. B. Tooke in seiner „Geschichte der Preise" getan, so werdet ihr finden, daß die Fluktuationen der Marktpreise, ihre Abweichungen von den Werten, ihre Auf- und Abbewegungen einander ausgleichen und aufheben, so daß abgesehn von der Wirkung von Monopolen und einigen andern Modifikationen, die ich hier übergehn muß, alle Gattungen von Waren im Durchschnitt zu ihren respektiven *Werten* oder natürlichen Preisen verkauft werden. Die Durchschnittsperioden, während welcher die Fluktuationen der Marktpreise einander aufheben, sind für verschiedne Warensorten verschieden, weil es mit der einen Sorte leichter gelingt als mit der andern, das Angebot der Nachfrage anzupassen.

Wenn nun, allgemeiner gesprochen und mit Einschluß etwas längerer Perioden, alle Gattungen von Waren zu ihren respektiven Werten verkauft werden, so ist es Unsinn zu unterstellen, daß die ständigen und in verschiednen Geschäftszweigen üblichen Profite — nicht etwa der Profit in einzelnen Fällen — aus einem *Aufschlag* auf die Preise der Waren entspringen oder daraus, daß sie zu einem Preis weit über ihrem *Wert* verkauft werden. Die Absurdität dieser Vorstellung springt in die Augen, sobald sie verallgemeinert wird. Was einer als Verkäufer ständig gewönne, würde er als Käufer ebenso ständig verlieren. Es würde zu nichts führen, wollte man sagen, daß es Menschen gibt, die Käufer sind ohne Verkäufer zu sein, oder Konsumenten ohne Produzenten zu sein. Was diese Leute den Produzenten zahlen, müssen sie zunächst umsonst von ihnen erhalten. Wenn einer erst euer Geld nimmt und es dann dadurch zurückgibt, daß er eure Waren kauft, so werdet ihr euch nie dadurch bereichern, daß ihr eure Waren diesem selben Mann zu teuer verkauft. Ein derartiger Umsatz könnte einen Verlust verringern, würde aber niemals dazu verhelfen, einen Gewinn zu realisieren.

Um daher die *allgemeine Natur des Profits* zu erklären, müßt ihr von dem Grundsatz ausgehn, daß im Durchschnitt Waren *zu ihren wirklichen Werten verkauft werden* und daß *Profite sich herleiten aus dem Verkauf der Waren zu ihren Werten,* d. h. im Verhältnis zu dem in ihnen vergegenständlichten Arbeitsquantum. Könnt ihr den Profit nicht unter dieser Voraussetzung erklären, so könnt ihr ihn überhaupt nicht erklären. Dies scheint paradox und der alltäglichen Beobachtung widersprechend. Es ist ebenso paradox, daß die Erde um die Sonne kreist und daß Wasser aus zwei äußerst leicht aneinander entflammenden Gasen besteht. Wissenschaftliche Wahrheit ist immer paradox vom Standpunkt der alltäglichen Erfahrung, die nur den täuschenden Schein der Dinge wahrnimmt.

VII. Die Arbeitskraft

Nachdem wir nun, soweit es in so flüchtiger Weise tubar war, die Natur des *Werts*, des *Werts jeder beliebigen Ware* analysiert haben, müssen wir unsre Aufmerksamkeit dem spezifischen *Wert der Arbeit* zuwenden. Und hier muß ich euch wieder mit einem scheinbaren Paradoxon überraschen. Ihr alle seid fest überzeugt, daß, was ihr täglich verkauft, eure Arbeit sei; daß daher die Arbeit einen Preis habe und daß, da der Preis einer Ware bloß der Geldausdruck ihres Werts, es sicherlich so etwas wie den *Wert der Arbeit* geben müsse. Indes existiert nichts von der Art, was im gewöhnlichen Wortverstande *Wert der Arbeit* genannt wird. Wir haben gesehn, daß die in einer Ware kristallisierte Menge notwendiger Arbeit ihren Wert konstituiert. Wie können wir nun, indem wir diesen Wertbegriff anwenden, sage den Wert eines zehnstündigen Arbeitstags bestimmen? Wieviel Arbeit enthält dieser Arbeitstag? Zehnstündige Arbeit. Vom Wert eines zehnstündigen Arbeitstags auszusagen, daß er zehnstündiger Arbeit oder dem darin enthaltnen Arbeitsquantum gleich sei, wäre ein tautologischer und überdies unsinniger Ausdruck. Nachdem wir einmal den richtigen, aber versteckten Sinn des Ausdrucks „*Wert der Arbeit*" gefunden, werden wir natürlich imstande sein, diese irrationale und anscheinend unmögliche Anwendung des Begriffs Wert richtig zu deuten, ebenso wie wir imstande sein werden, die scheinbare oder bloß phänomenale Bewegung der Himmelskörper zu erkennen, nachdem wir einmal ihre wirkliche Bewegung erkannt.

Was der Arbeiter verkauft, ist nicht direkt seine *Arbeit*, sondern seine *Arbeitskraft*, über die er dem Kapitalisten vorübergehend die Verfügung überläßt. Dies ist so sehr der Fall, daß — ich weiß nicht ob durch englisches Gesetz, jedenfalls aber durch einige Gesetze auf dem Kontinent — die *maximale Zeitdauer*, wofür ein Mann seine Arbeitskraft verkaufen darf, festgestellt ist. Wäre es ihm erlaubt, das für jeden beliebigen Zeitraum zu tun, so wäre ohne weiteres die Sklaverei wiederhergestellt. Wenn solch ein Verkauf sich z. B. auf seine ganze Lebensdauer erstreckte, so würde er dadurch auf einen Schlag zum lebenslänglichen Sklaven seines Lohnherrn gemacht.

Einer der ältesten Ökonomen und originellsten Philosophen Englands — Thomas Hobbes — hat in seinem „Leviathan"[1] schon vorahnend auf diesen von allen Späteren übersehenen Punkt hingewiesen. Er sagt: „*Der Wert (value or worth) eines*

---

[1] „Leviathan oder Art, Form und Macht eines kirchlichen und bürgerlichen Gemeinwesens." (Leviathan — Name eines Meerungeheuers aus der Bibel, Offenbarung Johannis.) *Die Red.*

Menschen ist wie der aller anderen Dinge sein *Preis:* das heißt soviel, als für die *Benutzung seiner Kraft* gegeben würde."

Von dieser Basis ausgehend, werden wir imstande sein, den *Wert der Arbeit* wie den aller andern Waren zu bestimmen.

Bevor wir jedoch dies tun, könnten wir fragen, woher die sonderbare Erscheinung kommt, daß wir auf dem Markt eine Gruppe Käufer finden, die Besitzer von Boden, Maschinerie, Rohstoff und Lebensmitteln sind, die alle, abgesehn von Boden in seinem rohen Zustand, *Produkte der Arbeit* sind, und auf der andern Seite eine Gruppe Verkäufer, die nichts zu verkaufen haben außer ihrer Arbeitskraft, ihren werktätigen Armen und Hirnen. Daß die eine Gruppe ständig kauft, um Profit zu machen und sich zu bereichern, während die andre ständig verkauft, um ihren Lebensunterhalt zu verdienen? Die Untersuchung dieser Frage wäre eine Untersuchung über das, was die Ökonomen „*Vorgängige oder ursprüngliche Akkumulation*" nennen, was aber *ursprüngliche Expropriation* genannt werden sollte. Wir würden finden, daß diese sogenannte *ursprüngliche Akkumulation* nichts andres bedeutet als eine Reihe historischer Prozesse, die in einer *Auflösung der ursprünglichen Einheit* zwischen dem Arbeitenden und seinen Arbeitsmitteln resultieren. Solch eine Untersuchung fällt jedoch außerhalb des Rahmens meines jetzigen Themas. Sobald einmal die *Trennung* zwischen dem Mann der Arbeit und den Mitteln der Arbeit vollzogen, wird sich dieser Zustand erhalten und auf ständig wachsender Stufenleiter reproduzieren, bis eine neue und gründliche Umwälzung der Produktionsweise ihn wieder umstürzt und die ursprüngliche Einheit in neuer historischer Form wiederherstellt.

Was ist nun also der *Wert der Arbeitskraft?*

Wie der jeder andern Ware ist ihr Wert bestimmt durch das zu ihrer Produktion notwendige Arbeitsquantum. Die Arbeitskraft eines Menschen existiert nur in seiner lebendigen Leiblichkeit. Eine gewisse Masse Lebensmittel muß ein Mensch konsumieren, um aufzuwachsen und sich am Leben zu erhalten.

Der Mensch unterliegt jedoch, wie die Maschine, der Abnutzung, und muß durch einen andern Menschen ersetzt werden. Außer der zu *seiner eignen* Erhaltung erheischten Lebensmittelmasse bedarf er einer andern Lebensmittelmenge, um eine gewisse Zahl Kinder aufzuziehn, die ihn auf dem Arbeitsmarkt zu ersetzen und das Geschlecht der Arbeiter zu verewigen haben. Mehr noch, um seine Arbeitskraft zu entwickeln und ein gegebnes Geschick zu erwerben, muß eine weitere Menge von Werten verausgabt werden. Für unsern Zweck genügt es, nur *Durchschnitts*arbeit in Betracht zu ziehn, deren Erziehungs- und Ausbildungskosten verschwindend geringe Größen sind. Dennoch muß ich diese Gelegenheit zu der Feststellung benutzen, daß, genau so wie die Produktionskosten für Arbeitskräfte verschiedner Qualität nun einmal verschieden sind, auch die Werte der in verschiednen Geschäftszweigen beschäftigten Arbeitskräfte verschieden sein müssen. Der Ruf nach *Gleichheit der Löhne* beruht daher auf einem Irrtum, ist ein unerfüllbarer *törichter* Wunsch. Er ist die Frucht jenes falschen und platten Radikalismus, der die Voraussetzungen annimmt, die Schlußfolgerungen aber umgehn möchte. Auf Basis des Lohnsystems wird der Wert der Arbeitskraft in derselben Weise festgesetzt wie der jeder andern Ware; und da **verschiedne Arten Arbeitskraft verschiedne Werte haben oder verschiedne Arbeitsquanta zu ihrer Produktion erheischen, so *müssen* sie auf dem Arbeitsmarkt verschiedne Preise erzielen.** Nach *gleicher oder gar gerechter Entlohnung* auf Basis des Lohnsystems rufen, ist dasselbe, wie auf Basis des Systems der Sklaverei nach *Freiheit* zu rufen. Was ihr für recht oder gerecht erachtet, steht nicht in Frage. Die Frage ist: Was ist bei einem gegebnen Produktionssystem notwendig und unvermeidlich?

Nach dem Dargelegten dürfte es klar sein, daß der *Wert der Arbeitskraft* bestimmt ist durch den *Wert der Lebensmittel*, die zur Produktion, Entwicklung, Erhaltung und Verewigung der Arbeitskraft erheischt sind.

VIII. Die Produktion des Mehrwerts

Unterstellt nun, daß die Produktion der Durchschnittsmenge täglicher Lebensmittel für einen Arbeitenden *6 Stunden Durchschnittsarbeit* erheischt. Unterstellt überdies auch, 6 Stunden Durchschnittsarbeit seien in einem Goldquantum gleich 3 Schilling vergegenständlicht. Dann wären 3 Schilling der *Preis* oder Geldausdruck des *Tageswerts* der *Arbeitskraft* jenes Mannes. Arbeitete er täglich 6 Stunden, so würde er täglich einen Wert produzieren, der ausreicht, um die Durchschnittsmenge seiner täglichen Lebensmittel zu kaufen oder ihn selbst als Arbeitenden am Leben zu erhalten.

Aber unser Mann ist ein Lohnarbeiter. Er muß daher seine Arbeitskraft einem Kapitalisten verkaufen. Verkauft er sie zu 3 Schilling per Tag oder 18 Schilling die Woche, so verkauft er sie zu ihrem Wert. Unterstellt, er sei ein Spinner. Wenn er 6 Stunden täglich arbeitet, wird er der Baumwolle einen Wert von 3 Schilling täglich zusetzen. Dieser von ihm täglich zugesetzte Wert wäre exakt ein Äquivalent für den Arbeitslohn oder Preis seiner Arbeitskraft, den er täglich empfängt. Aber in diesem Fall käme dem Kapitalisten keinerlei *Mehrwert* oder *Mehrprodukt* zu. Hier kommen wir also an den springenden Punkt.

Durch Kauf der Arbeitskraft des Arbeiters und Bezahlung ihres Werts hat der Kapitalist, wie jeder andre Käufer, das Recht erworben, die gekaufte Ware zu konsumieren oder zu nutzen. Man konsumiert oder nutzt die Arbeitskraft eines Mannes, indem man ihn arbeiten läßt, wie man eine Maschine konsumiert oder nutzt, indem man sie laufen läßt. Durch Bezahlung des Tages- oder Wochenwerts der Arbeitskraft des Arbeiters hat der Kapitalist daher das Recht erworben, diese Arbeitskraft während *des ganzen Tags oder der ganzen Woche* zu nutzen oder arbeiten zu lassen. Der Arbeitstag oder die Arbeitswoche hat natürlich bestimmte Grenzen, die wir aber erst später betrachten werden.

Für den Augenblick möchte ich eure Aufmerksamkeit auf einen entscheidenden Punkt lenken.

Der *Wert* der Arbeitskraft ist bestimmt durch das zu ihrer Erhaltung oder Reproduktion notwendige Arbeitsquantum, aber die *Nutzung* dieser Arbeitskraft ist nur begrenzt durch die aktiven Energien und die Körperkraft des Arbeiters. Der Tages- oder Wochen*wert* der Arbeitskraft ist durchaus verschieden von der täglichen oder wöchentlichen Betätigung dieser Kraft, genau so wie das Futter, dessen ein Pferd bedarf, durchaus verschieden ist von der Zeit, die es den Reiter tragen kann. Das Arbeitsquantum, wodurch der *Wert* der Arbeitskraft des Arbeiters begrenzt ist, bildet keineswegs eine Grenze für das Arbeitsquantum, das seine Arbeitskraft zu verrichten vermag. Nehmen wir das Beispiel unsres Spinners. Wir haben gesehn, daß er, um seine Arbeitskraft täglich zu reproduzieren, täglich einen Wert von 3 Schilling reproduzieren muß, was er dadurch tut, daß er täglich 6 Stunden arbeitet. Dies hindert ihn jedoch nicht, 10 oder 12 oder mehr Stunden am Tag arbeiten zu können. Durch die Bezahlung des Tages- oder Wochen*werts* der Arbeitskraft des Spinners hat nun aber der Kapitalist das Recht erworben, diese Arbeitskraft während *des ganzen Tags oder der ganzen Woche* zu nutzen. Er wird ihn daher zwingen, sage *12 Stunden* täglich zu arbeiten. *Über* die zum Ersatz seines Arbeitslohns oder des Werts seiner Arbeitskraft erheischten 6 Stunden *hinaus* wird er daher noch *6 Stunden* zu arbeiten haben, die ich Stunden der *Mehrarbeit* nennen will, welche Mehrarbeit sich vergegenständlichen wird in einem *Mehrwert* und einem *Mehrprodukt*. Wenn unser Spinner z. B. durch seine täglich sechsstündige Arbeit der Baumwolle einen Wert von 3 Schilling zusetzt, einen Wert, der exakt ein Äquivalent für seinen Arbeitslohn bildet, so wird er der Baumwolle in 12 Stunden einen Wert von 6 Schilling zusetzen und *ein entsprechendes Mehr an Garn* produzieren. Da er seine Arbeitskraft dem Kapitalisten verkauft hat, so gehört der ganze von ihm geschaffne Wert oder sein ganzes Produkt dem Kapitalisten, dem zeitweiligen Eigentümer seiner Arbeitskraft. Indem der Kapitalist 3 Schilling vorschießt, realisiert er also einen Wert von 6 Schilling, weil ihm für den von ihm vorgeschoßnen Wert, worin 6 Arbeitsstunden kristallisiert sind, ein Wert ersetzt wird, worin 12 Arbeitsstunden kristallisiert sind. Durch tägliche Wiederholung desselben Prozesses wird der Kapitalist täglich 3 Schilling vorschießen und täglich 6 Schilling einstecken, wovon eine Hälfte wieder auf Zahlung des Arbeitslohns draufgeht und die andre Hälfte den *Mehrwert* bildet, für den der Kapitalist kein Äquivalent zahlt. Es ist diese *Art Austausch zwischen Kapital und Arbeit,* worauf die kapitalistische Produktionsweise oder das Lohnsystem beruht und die ständig in der Reproduktion des Arbeiters als Arbeiters und des Kapitalisten als Kapitalisten resultieren muß.

Die Rate des Mehrwerts wird, wenn alle andern Umstände gleichbleiben, abhängen von der Proportion zwischen dem zur Reproduktion des Werts der Arbeitskraft notwendigen Teil des Arbeitstags und der für den Kapitalisten verrichteten *Mehrarbeitszeit* oder *Mehrarbeit.* Sie wird daher abhängen von dem *Verhältnis, worin der Arbeitstag über die Zeitspanne hinaus verlängert ist,* in der der Arbeiter durch seine Arbeit nur den Wert seiner Arbeitskraft reproduzieren oder seinen Arbeitslohn ersetzen würde.

IX. Der Wert der Arbeit

Wir müssen nun zurückkommen auf den Ausdruck „*Wert oder Preis der Arbeit*".

Wir haben gesehn, daß er in der Tat nichts ist als die Bezeichnung für den Wert der Arbeitskraft, gemessen an den zu ihrer Erhaltung notwendigen Warenwerten. Da der Arbeiter aber seinen Arbeitslohn erst *nach* Verrichtung der Arbeit erhält und außerdem weiß, daß was er dem Kapitalisten tatsächlich gibt, seine Arbeit ist, so erscheint ihm der Wert oder Preis seiner Arbeitskraft notwendigerweise als *Preis oder Wert seiner Arbeit selbst.* Ist der Preis seiner Arbeitskraft gleich 3 Schilling, worin 6 Arbeitsstunden vergegenständlicht, und arbeitet er 12 Stunden, so betrachtet er diese 3 Schilling notwendigerweise als den Wert oder Preis von 12 Arbeitsstunden, obgleich diese 12 Arbeitsstunden sich in einem Wert von 6 Schilling vergegenständlichen. Hieraus folgt zweierlei:

Erstens. *Der Wert oder Preis der Arbeitskraft* nimmt das Aussehn des *Preises oder Werts der Arbeit selbst* an, obgleich, genau gesprochen, Wert und Preis der Arbeit sinnlose Bezeichnungen sind.

Zweitens. Obgleich nur ein Teil des Tagewerks des Arbeiters aus *bezahlter*, der andre dagegen aus *unbezahlter* Arbeit besteht und grade diese unbezahlte oder Mehrarbeit den Fonds konstituiert, woraus der *Mehrwert* oder *Profit* sich bildet, hat es den Anschein, als ob die ganze Arbeit aus bezahlter Arbeit bestünde.

Dieser täuschende Schein ist das unterscheidende Merkmal der *Lohnarbeit* gegenüber andern *historischen* Formen der Arbeit. Auf Basis des Lohnsystems erscheint auch die *unbezahlte* Arbeit als *bezahlt*. Beim *Sklaven* umgekehrt erscheint auch der bezahlte Teil seiner Arbeit als unbezahlt. Natürlich muß der Sklave, um zu arbeiten, leben, und ein Teil seines Arbeitstags geht drauf auf Ersatz des zu seiner eignen Erhaltung verbrauchten Werts. Da aber zwischen ihm und seinem Herrn kein Handel abgeschlossen wird und zwischen beiden Parteien keine Verkaufs- und Kaufakte vor sich gehn, so erscheint alle seine Arbeit als Gratisarbeit.

Nehmt anderseits den Fronbauern, wie er noch gestern, möchte ich sagen, im ganzen Osten Europas existierte. Dieser Bauer arbeitete z.B. 3 Tage für sich auf seinem eignen oder dem ihm zugewiesnen Felde, und die drei folgenden Tage verrichtete er zwangsweise Gratisarbeit auf dem herrschaftlichen Gut. Hier waren also der bezahlte und der unbezahlte Teil der Arbeit sichtbar getrennt, zeitlich und räumlich getrennt; und unsre Liberalen schäumten über vor moralischer Entrüstung angesichts der widersinnigen Idee, einen Menschen umsonst arbeiten zu lassen.

Faktisch jedoch bleibt es sich gleich, ob einer 3 Tage in der Woche für sich auf seinem eignen Felde und 3 Tage umsonst auf dem herrschaftlichen Gut, oder ob er 6 Stunden täglich in der Fabrik oder Werkstatt für sich und 6 Stunden für den Lohnherrn arbeitet, obgleich in letzterem Fall der bezahlte und der unbezahlte Teil seiner Arbeit unentwirrbar miteinander vermengt sind, so daß die Natur der ganzen Transaktion durch die *Dazwischenkunft eines Kontrakts* und die am Ende der Woche erfolgende *Zahlung* völlig verschleiert wird. Die Gratisarbeit erscheint in dem einen Fall als freiwillige Gabe und in dem andern als Frondienst. Das ist der ganze Unterschied.

Wo ich also das Wort „*Wert der Arbeit*" gebrauche, werde ich es nur als landläufigen Vulgärausdruck für „*Wert der Arbeitskraft*" gebrauchen.

X. Profit wird gemacht durch Verkauf einer Ware zu ihrem Wert

Unterstellt, eine Durchschnittsarbeitsstunde sei vergegenständlicht in einem Wert gleich 6 Pence oder 12 Durchschnittsarbeitsstunden in 6 Schilling. Unterstellt ferner, der Wert der Arbeit sei 3 Schilling oder das Produkt sechsstündiger Arbeit. Wenn nun in Rohstoff, Maschinerie usw., die in einer Ware aufgenutzt, 24 Durchschnittsarbeitsstunden vergegenständlicht wären, so würde sich ihr Wert auf 12 Schilling belaufen. Setze darüber hinaus der vom Kapitalisten beschäftigte Arbeiter diesen Produktionsmitteln 12 Arbeitsstunden zu, so wären diese 12 Stunden vergegenständlicht in einem zusätzlichen Wert von 6 Schilling. Der *Gesamtwert des Produkts* beliefe sich daher auf 36 Stunden vergegenständlichter Arbeit und wäre gleich 18 Schilling. Da aber der Wert der Arbeit oder der dem Arbeiter bezahlte Arbeitslohn nur 3 Schilling betrüge, so würde der Kapitalist für die von dem Arbeiter geleisteten, in dem Wert der Ware vergegenständlichten 6 Stunden Mehrarbeit kein Äquivalent gezahlt haben. Verkaufte der Kapitalist diese Ware zu ihrem Wert von 18 Schilling, so würde er daher einen Wert von 3 Schilling realisieren, für den er kein Äquivalent gezahlt hat. Diese 3 Schilling würden den Mehrwert oder Profit konstituieren, den er einsteckt. Der Kapitalist würde folglich den Profit von 3 Schilling nicht dadurch realisieren, daß er die Ware zu einem Preis *über* ihrem Wert, sondern dadurch, daß er sie *zu ihrem wirklichen Wert* verkauft.

Der Wert einer Ware ist bestimmt durch das in ihr enthaltne *Gesamtarbeitsquantum*. Aber ein Teil dieses Arbeitsquantums ist in einem Wert vergegenständlicht, wofür in Form des Arbeitslohns ein Äquivalent bezahlt, ein Teil jedoch in einem Wert, wofür *kein* Äquivalent bezahlt worden ist. Ein Teil der in der Ware enthaltnen Arbeit ist *bezahlte* Arbeit; ein Teil ist *unbezahlte* Arbeit. Verkauft daher der Kapitalist die Ware *zu ihrem Wert*, d. h. als Kristallisation des auf sie verwendeten *Gesamtarbeitsquantums*, so muß er sie notwendigerweise mit Profit verkaufen. Er verkauft nicht nur, was ihm ein Äquivalent gekostet, er verkauft vielmehr auch, was ihm nichts gekostet, obgleich es die Arbeit seines Arbeiters gekostet hat. Die Kosten der Ware für den Kapitalisten und ihre wirklichen Kosten sind zweierlei Dinge. Ich wiederhole daher, daß normale und durchschnittliche Profite gemacht werden durch Verkauf der Waren nicht *über*, sondern *zu ihren wirklichen Werten*.

XI. Die verschiednen Teile, worein der Mehrwert zerfällt

Den *Mehrwert* oder den Teil des Gesamtwerts der Ware, worin die *Mehrarbeit* oder *unbezahlte Arbeit* des Arbeiters vergegenständlicht ist, nenne ich *Profit*. Es ist nicht die Gesamtsumme dieses Profits, die der industrielle Kapitalist einsteckt. Das Bodenmonopol setzt den Grundeigentümer in den Stand, einen Teil dieses *Mehrwerts* unter dem Namen *Rente* an sich zu ziehn, sei es, daß der Boden für Agrikultur oder Baulichkeiten oder Eisenbahnen, sei es, daß er für irgendeinen andern produktiven Zweck benutzt wird. Anderseits, grade die Tatsache, daß der Besitz der *Arbeitsmittel* den industriellen Kapitalisten befähigt, einen *Mehrwert* zu produzieren, oder, was auf dasselbe hinausläuft, *sich eine bestimmte Menge unbezahlter Arbeit anzueignen*, befähigt den Eigentümer der Arbeitsmittel, die er ganz oder teilweise dem industriellen Kapitalisten leiht — befähigt, in einem Wort, den *geldverleihenden Kapitalisten*, einen andern Teil dieses Mehrwerts unter dem Namen *Zins* für sich in Anspruch zu nehmen, so daß dem industriellen Kapitalisten *als solchem* nur verbleibt, was man *industriellen* oder *kommerziellen Profit* nennt.

Welche Gesetze diese Teilung der Gesamtmenge des Mehrwerts unter die drei Menschenkategorien regulieren, ist eine Frage, die unserm Gegenstand gänzlich fernliegt. Soviel resultiert indes aus dem bisher Entwickelten.

Rente, Zins und industrieller Profit sind bloß *verschiedne Namen für verschiedne Teile* des *Mehrwerts* der Ware oder der *in ihr vergegenständlichten unbezahlten Arbeit* und *leiten sich gleichmäßig aus dieser Quelle und nur aus ihr her*. Sie leiten sich nicht aus dem *Boden* als solchem her oder aus dem *Kapital* als solchem, sondern Boden und Kapital setzen ihre Eigentümer in den Stand, ihre respektiven Anteile an dem von dem industriellen Kapitalisten aus seinem Arbeiter herausgepreßten Mehrwert zu erlangen. Für den Arbeiter selbst ist es eine Angelegenheit von untergeordneter Bedeutung, ob jener Mehrwert, der das Resultat seiner Mehrarbeit oder unbezahlten Arbeit ist, ganz von dem industriellen Kapitalisten eingesteckt wird oder ob letzterer Teile davon unter den Namen Rente und Zins an dritte Personen weiterzuzahlen hat. Unterstellt, daß der industrielle Kapitalist nur sein eignes Kapital anwendet und sein eigner Grundeigentümer ist. In diesem Fall wanderte der ganze Mehrwert in seine Tasche.

Es ist der industrielle Kapitalist, der unmittelbar Mehrwert aus dem Arbeiter herauspreßt, welchen Teil immer er schließlich zu behalten imstande ist. Um dies Verhältnis zwischen industriellem Kapitalisten und Lohnarbeiter dreht sich daher das ganze Lohnsystem und das ganze gegenwärtige Produktionssystem. Einige Bürger, die an unsrer Debatte teilnahmen, taten daher unrecht, als sie versuchten, die Dinge zu beschönigen und dies grundlegende Verhältnis zwischen industriellem Kapitalisten und Arbeiter als eine zweitrangige Frage zu behandeln, obgleich sie recht hatten mit der Feststellung, daß unter gegebnen Umständen ein Steigen der Preise in sehr ungleichen Graden den industriellen Kapitalisten, den Grundeigentümer, den Geldkapitalisten und, wenn es beliebt, den Steuereinnehmer affizieren möchte.

Aus dem bisher Entwickelten folgt nun noch etwas andres. Der Teil des Werts der Ware, der nur den Wert der Rohstoffe, der Maschinerie, kurz den Wert der aufgenutzten Produktionsmittel repräsentiert, bildet überhaupt *kein Einkommen*, sondern ersetzt *nur Kapital*. Aber abgesehn hiervon ist es falsch, daß der andre Teil des Werts der Ware, *der Einkommen bildet* oder in Form von Arbeitslohn, Profit, Rente, Zins verausgabt werden kann, sich aus dem Wert des Arbeitslohns, dem Wert der Rente, dem Wert des Profits usw. *konstituiert*. Wir wollen zunächst einmal den Arbeitslohn aus dem Spiel lassen und nur von industriellem Profit, Zins und Rente handeln. Eben sahen wir, daß der in der Ware enthaltne *Mehrwert*, oder der Teil ihres Werts, worin *unbezahlte Arbeit* vergegenständlicht, sich auflöst in verschiedne Verzweigungen mit drei verschiednen Namen. Aber es hieße die Wahrheit in ihr Gegenteil verkehren, wollte man sagen, daß ihr Wert sich aus den *selbständigen Werten dieser drei Bestandteile zusammensetzt* oder sich durch deren *Zusammenzählung* bildet.

Wenn eine Arbeitsstunde sich vergegenständlicht in einem Wert von 6 Pence, wenn der Arbeitstag des Arbeiters 12 Stunden ausmacht, wenn die Hälfte dieser Zeit aus unbezahlter Arbeit besteht, wird diese Mehrarbeit der Ware einen *Mehr-*

wert von 3 Schilling zusetzen, d. h. einen Wert, für den kein Äquivalent gezahlt worden ist. Dieser Mehrwert von 3 Schilling konstituiert den *ganzen Fonds*, worin sich der industrielle Kapitalist mit dem Grundeigentümer und dem Geldverleiher, in welchen Proportionen immer, teilen kann. Der Wert dieser 3 Schilling konstituiert die Grenze des Werts, den sie unter sich zu verteilen haben. Es ist aber nicht der industrielle Kapitalist, der dem Wert der Ware einen willkürlichen Wert zum Zwecke seines Profits zusetzt, dem ein weitrer Wert für den Grundeigentümer angereiht wird usw., so daß die Zusammenzählung dieser drei willkürlich festgestellten Werte den Gesamtwert konstituierte. Ihr seht daher das Trügliche der landläufigen Vorstellung, die die *Spaltung* eines *gegebnen Werts* in drei Teile mit der *Bildung* dieses Werts durch Zusammenzählung dreier *selbständiger* Werte verwechselt, indem sie so den Gesamtwert, woraus Rente, Profit und Zins sich herleiten, in eine willkürliche Größe verwandelt.

Wenn der von einem Kapitalisten realisierte Gesamtprofit gleich 100 Pfd. St. ist, so nennen wir diese Summe, als *absolute* Größe betrachtet, die *Menge des Profits*. Berechnen wir aber das Verhältnis, worin diese 100 Pfd. St. zu dem vorgeschoßnen Kapital stehn, so nennen wir diese *relative* Größe die *Rate des Profits*. Es ist augenscheinlich, daß diese Profitrate auf zweierlei Art ausgedrückt werden kann.

Unterstellt, 100 Pfd. St. seien in *Arbeitslohn vorgeschoßnes* Kapital. Wenn der erzeugte Mehrwert ebenfalls 100 Pfd. St. beträgt — was uns anzeigen würde, daß der halbe Arbeitstag des Arbeiters aus *unbezahlter* Arbeit besteht — und wir diesen Profit an dem in Arbeitslohn vorgeschoßnen Kapital messen, so würden wir sagen, daß die *Profitrate* sich auf 100 Prozent beliefe, weil der vorgeschoßne Wert 100 und der realisierte Wert 200 wäre.

Wenn wir anderseits nicht bloß das *in Arbeitslohn vorgeschoßne Kapital* betrachten, sondern das vorgeschoßne *Gesamtkapital*, sage z. B. 500 Pfd. St., wovon 400 Pfd. St. den Wert der

Rohstoffe, Maschinerie usw. repräsentierten, so würden wir sagen, daß die *Profitrate* sich nur auf 20 Prozent beliefe, weil der Profit von 100 nicht mehr wäre als der fünfte Teil des vorgeschoßnen *Gesamt*kapitals.

Die erste Ausdrucksform der Profitrate ist die einzige, die euch das wirkliche Verhältnis zwischen bezahlter und unbezahlter Arbeit anzeigt, den wirklichen Grad der *Exploitation* (ihr müßt mir dies französische Wort gestatten) *der Arbeit*. Die andre Ausdrucksform ist die allgemein übliche, und in der Tat ist sie für bestimmte Zwecke geeignet. Jedenfalls ist sie sehr nützlich zur Verschleierung des Grads, worin der Kapitalist Gratisarbeit aus dem Arbeiter herauspreßt.

In den Bemerkungen, die ich noch zu machen habe, werde ich das Wort *Profit* für die Gesamtmenge des von dem Kapitalisten herausgepreßten Mehrwerts anwenden ohne jede Rücksicht auf die Teilung dieses Mehrwerts zwischen den verschiednen Personen, und wo ich das Wort *Profitrate* anwende, werde ich stets den Profit am Wert des in Arbeitslohn vorgeschoßnen Kapitals messen.

XII. Das allgemeine Verhältnis zwischen Profiten, Arbeitslöhnen und Preisen

Zieht man von dem Wert einer Ware den Wert ab, der Ersatz ist für den in ihr aufgenutzten Wert der Rohstoffe und andern Produktionsmittel, d. h. den Wert der in ihr enthaltnen *vergangnen* Arbeit, so löst sich der Rest ihres Werts in das Arbeitsquantum auf, das ihr der *zuletzt* beschäftigte Arbeiter zugesetzt hat. Wenn dieser Arbeiter 12 Stunden täglich arbeitet, wenn sich 12 Stunden Durchschnittsarbeit in einer Goldmenge gleich 6 Schilling kristallisieren, so wird dieser zugesetzte Wert von 6 Schilling der *einzige* Wert sein, den seine Arbeit geschaffen hat. Dieser gegebne, durch seine Arbeitszeit bestimmte Wert ist der einzige Fonds, wovon beide, er und der Kapitalist, ihre respektiven Anteile oder Dividenden ziehn können, der einzige Wert, der in Arbeitslohn und Profit geteilt werden kann. Es ist klar, daß dieser Wert selbst nicht geändert wird durch die variablen Proportionen, worin er zwischen den beiden Parteien geteilt werden mag. Es würde hieran auch nichts geändert, wenn statt eines einzigen Arbeiters die gesamte Arbeiterbevölkerung unterstellt wird, 12 Millionen Arbeitstage z. B. an Stelle eines einzigen.

Da Kapitalist und Arbeiter nur diesen begrenzten Wert zu teilen haben, d. h. den durch die Gesamtarbeit des Arbeiters gemeßnen Wert, so erhält der eine desto mehr, je weniger dem andern zufällt und umgekehrt. Sobald ein Quantum gegeben ist, wird der eine Teil davon zunehmen, wie, umgekehrt, der andre abnimmt. Wenn der Arbeitslohn sich ändert, wird der Profit sich in entgegengesetzter Richtung ändern. Wenn der Arbeitslohn fällt, so steigt der Profit; und wenn der Arbeitslohn steigt, so fällt der Profit. Würde der Arbeiter nach unsrer frühern Unterstellung 3 Schilling gleich der Hälfte des von ihm erzeugten Werts erhalten oder sein ganzer Arbeitstag zur Hälfte aus bezahlter, zur Hälfte aus unbezahlter Arbeit bestehn, so würde die *Profitrate* 100 Prozent ausmachen, weil der Kapitalist ebenfalls 3 Schilling erhielte. Würde der Arbeiter nur 2 Schilling erhalten oder nur ein Drittel des ganzen Tags für sich arbeiten, so erhielte der Kapitalist 4 Schilling, und die Profitrate wäre 200 Prozent. Würde der Arbeiter 4 Schilling erhalten, so erhielte der Kapitalist nur 2, und die Profitrate würde auf 50 Prozent sinken, aber alle diese Veränderungen werden nicht den Wert der Ware berühren. Eine allgemeine Lohnsteigerung würde daher auf eine Senkung der allgemeinen Profitrate hinauslaufen, ohne jedoch die Werte zu beeinflussen. Aber obgleich die Werte der Waren, die in letzter Instanz ihre Marktpreise regulieren müssen, ausschließlich bestimmt sind durch die Gesamtquanta der in ihnen dargestellten Arbeit und nicht durch die Teilung dieses Quantums in bezahlte und unbezahlte Arbeit, so folgt daraus keineswegs, daß die Werte der einzelnen Waren oder Warenmengen, die z. B. in 12 Stunden produziert worden sind, konstant bleiben. Die in gegebner Arbeitszeit oder mit gegebnem Arbeitsquantum erzeugte *Zahl* oder Masse von Waren hängt ab von der *Produktivkraft* der angewandten Arbeit und nicht von ihrer *Dauer* oder Länge. Mit dem einen Grad der Produktivkraft der Spinnarbeit z. B. mag ein Arbeitstag von 12 Stunden 12 Pfund Garn produzieren, mit einem geringren Grad nur 2 Pfund. Wenn nun zwölfstündige Durchschnittsarbeit sich in dem einen Fall in einem Wert von 6 Schilling vergegenständlichte, so würden die 12 Pfund Garn 6 Schilling kosten, in dem andern Fall die 2 Pfund Garn ebenfalls 6 Schilling. Ein Pfund Garn würde daher in dem einen Fall 6 Pence, in dem andern 3 Schilling kosten. Diese Differenz des Preises würde resultieren aus der Differenz in den Produktivkräften der angewandten Arbeit. Mit der größeren Produktivkraft würde in 1 Pfund Garn 1 Arbeitsstunde vergegenständlicht, mit der geringeren dagegen 6 Arbeitsstunden. Der Preis von 1 Pfund Garn betrüge in dem einen Fall nur 6 Pence, obgleich der Arbeitslohn relativ hoch und die Profitrate niedrig wäre; er betrüge in dem andern Fall 3 Schilling, obgleich der Arbeitslohn niedrig und die Profitrate hoch wäre. Das wäre der Fall, weil der Preis des Pfundes Garn reguliert wird durch das *Gesamtquantum der in ihm aufgearbeiteten Arbeit* und nicht durch die *proportionelle Teilung dieses Gesamtquantums in bezahlte und unbezahlte Arbeit*. Die von mir vorhin erwähnte Tatsache, daß hochbezahlte Arbeit wohlfeile und niedrig bezahlte Arbeit teure Waren produzieren kann, verliert daher ihren paradoxen Schein. Sie ist nur der Ausdruck des allgemeinen Gesetzes, daß der Wert einer Ware reguliert wird durch das in ihr aufgearbeitete Arbeitsquantum, daß aber das in ihr aufgearbeitete Arbeitsquantum ganz abhängt von der Produktivkraft der angewandten Arbeit und daher mit jedem Wechsel in der Produktivität der Arbeit wechseln wird.

XIII. Die hauptsächlichsten Versuche, den Arbeitslohn zu heben oder seinem Sinken entgegenzuwirken

Laßt uns nun nacheinander die Hauptfälle betrachten, worin eine Steigerung des Arbeitslohns versucht oder seiner Herabsetzung entgegengewirkt wird.

1. Wir haben gesehn, daß der *Wert der Arbeitskraft,* oder in landläufiger Redeweise: der *Wert der Arbeit,* bestimmt ist durch den Wert der Lebensmittel oder das zu ihrer Produktion erheischte Arbeitsquantum. Wenn nun in einem gegebnen Land der Durchschnittswert der täglichen Lebensmittel eines Arbeiters 6 Arbeitsstunden repräsentierte, die sich in 3 Schilling ausdrückten, so würde der Arbeiter 6 Stunden täglich zu arbeiten haben, um ein Äquivalent für seinen täglichen Lebensunterhalt zu produzieren. Wäre der ganze Arbeitstag 12 Stunden, so würde der Kapitalist ihm den Wert seiner Arbeit bezahlen, indem er ihm 3 Schilling zahlte. Der halbe Arbeitstag bestünde aus unbezahlter Arbeit und die Profitrate beliefe sich auf 100 Prozent. Unterstellt jedoch nun, daß infolge einer Verminderung der Produktivität mehr Arbeit erforderlich würde, um sage dieselbe Menge landwirtschaftlicher Produkte zu produzieren, so daß der Durchschnittspreis der täglichen Lebensmittel von 3 auf 4 Schilling stiege. In diesem Fall würde der *Wert* der Arbeit um ein Drittel oder 33⅓ Prozent steigen. Acht Stunden des Arbeitstags wären erheischt, um ein Äquivalent für den täglichen Lebensunterhalt des Arbeiters entsprechend seinem alten Lebensstandard zu produzieren. Die Mehrarbeit würde daher von 6 auf 4 Stunden und die Profitrate von 100 auf 50 Prozent sinken. Bestünde aber der Arbeiter auf einer Steigerung des Arbeitslohns, so würde er bloß darauf bestehn, den *gestiegnen Wert seiner Arbeit* zu erhalten, genau wie jeder andre Verkäufer einer Ware, der, sobald die Kosten seiner Ware gestiegen, den Versuch macht, ihren gestiegnen Wert bezahlt zu bekommen. Stiege der Arbeitslohn gar nicht oder nicht genügend, um die erhöhten Werte der Lebensmittel zu

kompensieren, so würde der *Preis* der Arbeit *unter den Wert der Arbeit* sinken und der Lebensstandard des Arbeiters würde sich verschlechtern.

Aber es könnte ein Wechsel auch in umgekehrter Richtung eintreten. Infolge der vermehrten Produktivität der Arbeit könnte dieselbe Durchschnittsmenge der täglichen Lebensmittel von 3 auf 2 Schilling sinken oder es wären bloß 4 statt 6 Stunden des Arbeitstags erforderlich zur Reproduktion eines Äquivalents für den Wert der täglichen Lebensmittel. Der Arbeiter würde nun befähigt, mit 2 Schilling ebensoviel Lebensmittel zu kaufen, wie früher mit 3 Schilling. In der Tat wäre der *Wert der Arbeit* gesunken, aber dieser verminderte Wert würde dieselbe Lebensmittelmenge kommandieren wie früher. Dann würde der Profit von 3 auf 4 Schilling steigen und die Profitrate von 100 auf 200 Prozent. Obgleich der absolute Lebensstandard des Arbeiters derselbe geblieben wäre, wäre sein *relativer* Arbeitslohn und damit seine *relative gesellschaftliche Stellung*, verglichen mit der des Kapitalisten, niedriger geworden. Sollte der Arbeiter dieser Herabsetzung des relativen Arbeitslohns widerstreben, so wäre das bloß ein Versuch, sich einen gewissen Anteil an der Vermehrung der Produktivkraft seiner eignen Arbeit zu sichern und seine frühere relative Stellung auf der gesellschaftlichen Stufenleiter zu behaupten. So reduzierten die englischen Fabriklords nach Abschaffung der Korngesetze, und unter offensichtlicher Verletzung der während der Antikorngesetzagitation[1] feierlichst gegebnen Versprechungen, den Arbeitslohn allgemein um 10 Prozent. Der Widerstand der Arbeiter ward anfangs überwunden, aber infolge von Umständen, auf die ich jetzt nicht eingehn kann, wurden die verlornen 10 Prozent nachträglich wiedererlangt.

---

[1] Die Agitation wurde von der Anti-Cornlaw-League, einer Vereinigung der englischen Fabrikanten zum Kampf für die Abschaffung der Getreidezölle, in den Jahren 1838 bis 1849 geführt. *Die Red.*

2. Der *Wert* der Lebensmittel, und darum der *Wert der Arbeit*, könnte derselbe bleiben, aber sein *Geldpreis* könnte infolge eines vorhergehenden *Wechsels* im *Wert des Geldes* eine Änderung erfahren.

Nach Entdeckung ergiebigerer Minen usw. brauchte z. B. die Produktion von 2 Unzen Gold nicht mehr Arbeit zu kosten als früher die von 1 Unze. Der *Wert* des Goldes hätte sich dann um die Hälfte oder 50 Prozent vermindert. Da nun die *Werte* aller andern Waren, in ihren frühern *Geldpreisen* ausgedrückt, verdoppelt wären, so auch der *Wert der Arbeit*. Zwölf Arbeitsstunden, früher in 6 Schilling ausgedrückt, würden sich nun in 12 Schilling ausdrücken. Bliebe der Lohn des Arbeiters, statt auf 6 Schilling zu steigen, 3 Schilling, so wäre der *Geldpreis seiner Arbeit* bloß gleich dem *halben Wert seiner Arbeit* und sein Lebensstandard würde sich furchtbar verschlechtern. Dies fände in größerem oder geringerem Grad auch dann statt, wenn sein Arbeitslohn zwar stiege, aber nicht im Verhältnis zum Sinken des Goldwerts. In diesem Fall hätte sich nichts geändert, weder die Produktivkraft der Arbeit, noch Angebot und Nachfrage, noch die Werte. Es hätte sich nichts geändert außer den Geld*namen* jener Werte. Wird gesagt, daß der Arbeiter in diesem Fall nicht auf einer proportionellen Lohnsteigerung bestehen solle, so heißt das, er solle sich damit zufriedengeben, mit Namen statt mit Sachen bezahlt zu werden. Alle bisherige Geschichte beweist, daß, wann immer eine solche Entwertung des Geldes vor sich geht, die Kapitalisten sich diese Gelegenheit, den Arbeiter übers Ohr zu hauen, nicht entgehn lassen. Eine sehr zahlreiche Schule politischer Ökonomen versichert, daß infolge der Entdeckung neuer Goldfelder, der besseren Ausbeute der Silberminen und der wohlfeileren Quecksilberzufuhr der Wert der edlen Metalle wieder gesunken sei. Dies würde erklären, warum auf dem Kontinent allgemein und gleichzeitig Versuche unternommen werden, eine Steigerung der Löhne durchzusetzen.

3. Wir haben bis jetzt die Grenzen des *Arbeitstags* als gegeben unterstellt. An sich hat aber der Arbeitstag keine konstanten Grenzen. Die Tendenz des Kapitals geht ständig dahin, ihn bis auf die äußerste physisch mögliche Länge auszudehnen, weil in gleichem Maße die Mehrarbeit und folglich der daraus resultierende Profit vermehrt wird. Je erfolgreicher das Kapital in der Verlängerung des Arbeitstags ist, desto größer ist die Menge von andrer Leute Arbeit, die es sich aneignen wird. Während des 17. und selbst in den beiden ersten Dritteln des 18. Jahrhunderts war ein zehnstündiger Arbeitstag Normalarbeitstag in ganz England. Während des Antijakobinerkriegs[1], der in Wirklichkeit ein von den britischen Baronen geführter Krieg gegen die britischen Arbeitermassen war, feierte das Kapital seine Orgien und verlängerte den Arbeitstag von 10 auf 12, 14, 18 Stunden. Malthus, den ihr keineswegs weinerlicher Sentimentalität verdächtigen werdet, veröffentlichte um 1815 ein Pamphlet, worin er erklärte, daß, wenn dieser Zustand fortdaure, das Leben der Nation unmittelbar an seiner Springquelle angegriffen würde. Einige Jahre vor der allgemeinen Einführung der neuerfundnen Maschinerie, um 1765, erschien in England ein Pamphlet unter dem Titel: „An Essay on Trade" (Abhandlung über das Gewerbe). Der anonyme Verfasser, ein geschworner Feind der arbeitenden Klassen, deklamiert über die Notwendigkeit, die Grenzen des Arbeitstags auszudehnen. Unter andern Mitteln zu diesem Zweck schlägt er *Arbeitshäuser* vor, die, wie er sagt, *„Häuser des Schreckens"* sein müßten. Und was ist die Dauer des Arbeitstags, die er für diese „Häuser des Schreckens" vorschreibt? *Zwölf Stunden*, genau dieselbe Zeit, die 1832 von Kapitalisten, politischen Ökonomen und Ministern nicht nur als existierende, sondern als notwendige Arbeitszeit eines Kindes unter 12 Jahren erklärt wurde.

---

[1] Die Kriege Englands gegen die Französische Revolution (1793—1815). *Die Red.*

Indem der Arbeiter seine Arbeitskraft verkauft, und unter dem gegenwärtigen System muß er das tun, überläßt er dem Kapitalisten die Konsumtion dieser Kraft, aber innerhalb gewisser rationeller Grenzen. Er verkauft seine Arbeitskraft, um sie, abgesehn von ihrem natürlichen Verschleiß, zu erhalten, nicht aber um sie zu zerstören. Indem er seine Arbeitskraft zu ihrem Tages- oder Wochenwert verkauft, gilt es als selbstverständlich, daß diese Arbeitskraft in einem Tag oder einer Woche nicht einem zweitägigen oder zweiwöchigen Verschleiß ausgesetzt werde. Nehmt eine Maschine, die 1000 Pfd. St. wert ist. Wird sie in 10 Jahren aufgenutzt, so setzt sie dem Wert der Waren, an deren Produktion sie mitwirkt, jährlich 100 Pfd. St. zu. Würde sie in 5 Jahren aufgenutzt, so setzte sie jährlich 200 Pfd. St. zu oder der Wert ihres Jahresverschleißes steht in umgekehrtem Verhältnis zu der Zeitdauer, worin sie konsumiert wird. Aber dies unterscheidet den Arbeiter von der Maschine. Die Maschinerie wird nicht ganz im selben Verhältnis, wie sie genutzt wird, altes Eisen. Der Mensch dagegen wird in stärkerem Verhältnis zerrüttet, als aus der bloß numerischen Zusammenrechnung der geleisteten Arbeit ersichtlich sein würde.

Bei ihren Versuchen, den Arbeitstag auf seine frühern rationellen Ausmaße zurückzuführen oder, wo sie die gesetzliche Feststellung eines Normalarbeitstags nicht erzwingen können, die Überarbeit durch Steigerung des Lohns zu zügeln, eine Steigerung nicht nur in Proportion zu der verlangten Überzeit, sondern in größerer Proportion, erfüllen die Arbeiter bloß eine Pflicht gegen sich selbst und ihren Nachwuchs. Sie weisen bloß das Kapital mit seinen tyrannischen Übergriffen in seine Schranken zurück. Zeit ist der Raum zu menschlicher Entwicklung. Ein Mensch, der nicht über freie Zeit verfügt, dessen ganze Lebenszeit — abgesehn von rein physischen Unterbrechungen durch Schlaf, Mahlzeiten usw. — von seiner Arbeit für den Kapitalisten verschlungen wird, ist weniger als ein Lasttier. Er ist eine bloße Maschine zur Produktion von fremdem Reichtum, körperlich gebrochen und geistig verroht. Dennoch zeigt die ganze Geschichte der modernen Industrie, daß das Kapital, wenn ihm nicht Einhalt getan wird, ohne Gnade und Barmherzigkeit darauf aus ist, die ganze Arbeiterklasse in diesen Zustand äußerster Degradation zu stürzen.

Bei Verlängerung des Arbeitstags mag der Kapitalist *höhern Arbeitslohn* zahlen und dennoch den *Wert der Arbeit* senken, falls die Lohnsteigerung nicht der herausgepreßten größeren Arbeitsmenge und so herbeigeführten rascheren Zerrüttung der Arbeitskraft entspricht. Dies kann auch in andrer Weise geschehn. Eure Bourgeoisstatistiker werden euch z. B. erklären, daß der Durchschnittslohn der Fabrikarbeiterfamilien in Lancashire gestiegen sei. Sie vergessen, daß statt der Arbeit des Mannes, des Haupts der Familie, jetzt sein Weib und vielleicht drei oder vier Kinder unter die Juggernauträder[1] des Kapitals geschleudert sind, und daß die Steigerung ihres Gesamtarbeitslohns der Gesamtmehrarbeit, die aus der Familie herausgepreßt worden, durchaus nicht entspricht.

Selbst bei gegebnen Grenzen des Arbeitstags, wie sie jetzt in allen den Fabrikgesetzen unterworfnen Industriezweigen existieren, kann eine Lohnsteigerung notwendig werden, schon um den alten Normal*wert der Arbeit* aufrechtzuerhalten. Durch Erhöhung der *Intensität* der Arbeit mag ein Mann dazu gebracht werden, in einer Stunde soviel Lebenskraft zu verausgaben wie früher in zwei. Dies ist in den Geschäftszweigen, die der Fabrikgesetzgebung unterworfen wurden, bis zu gewissem Grade geschehn durch beschleunigten Lauf der Maschinerie und Vermehrung der Zahl der Arbeitsmaschinen, die ein einzelner nun zu überwachen hat. Wenn die Zunahme der Arbeitsintensität oder der in einer Stunde verausgabten Arbeitsmasse der Verkürzung des Arbeitstags einigermaßen ange-

---

[1] Anspielung auf den Wagen, der an Festtagen ein Standbild des indischen Gottes Wischnu — Juggernaut — durch die Stadt Puri fuhr und unter dessen Räder sich fanatische Gläubige warfen, um so den Tod zu finden. *Die Red.*

messen ist, so wird der Arbeiter noch im Vorteil sein. Wird diese Grenze überschritten, so verliert er in der einen Form, was er in der andern gewonnen, und 10 Arbeitsstunden können dann ebenso ruinierend werden wie früher 12 Stunden. Tritt der Arbeiter dieser Tendenz des Kapitals entgegen, indem er für eine der steigenden Arbeitsintensität entsprechende Lohnsteigerung kämpft, so widersetzt er sich nur der Entwertung seiner Arbeit und der Schwächung seines Nachwuchses.

4. Ihr alle wißt, daß die kapitalistische Produktion aus Gründen, die ich jetzt nicht auseinanderzusetzen brauche, sich in bestimmten periodischen Zyklen bewegt. Sie macht nacheinander den Zustand der Stille, wachsenden Belebung, Prosperität, Überproduktion, Krise und Stagnation durch. Die Marktpreise der Waren und die Marktraten des Profits folgen diesen Phasen, bald unter ihren Durchschnitt sinkend, bald sich darüber erhebend. Den ganzen Zyklus betrachtet, werdet ihr finden, daß die eine Abweichung des Marktpreises durch die andre aufgehoben wird und daß, den Durchschnitt des Zyklus genommen, die Marktpreise der Waren durch ihre Werte reguliert werden. Schön! Während der Phase sinkender Marktpreise, ebenso wie während der Phasen der Krise und der Stagnation, ist der Arbeiter, falls er nicht überhaupt aufs Pflaster geworfen wird, einer Herabsetzung des Arbeitslohns gewärtig. Um nicht der Geprellte zu sein, muß er, selbst während eines solchen Sinkens der Marktpreise, mit dem Kapitalisten darüber markten, in welchem proportionellen Ausmaß eine Lohnsenkung notwendig geworden sei. Wenn er nicht bereits während der Prosperitätsphase, solange Extraprofite gemacht werden, für eine Lohnsteigerung kämpfte, so käme er im Durchschnitt eines industriellen Zyklus nicht einmal zu seinem *Durchschnittslohn* oder dem *Wert* seiner Arbeit. Es ist der Gipfel des Widersinns zu verlangen, er solle, während sein Arbeitslohn notwendigerweise durch die ungünstigen Phasen des Zyklus beeinträchtigt wird, darauf verzichten, sich während der Prosperitätsphase schadlos zu halten. Allgemein ausge-

drückt: die *Werte* aller Waren werden nur realisiert durch Ausgleichung der ständig wechselnden Marktpreise, die aus den ständigen Fluktuationen von Nachfrage und Zufuhr entspringen. Auf Basis des gegenwärtigen Systems ist die Arbeit bloß eine Ware wie die andern. Sie muß daher dieselben Fluktuationen durchmachen, um einen ihrem Wert entsprechenden Durchschnittspreis zu erzielen. Es wäre absurd, sie einerseits als Ware zu behandeln und anderseits zu verlangen, sie solle von den die Warenpreise regelnden Gesetzen ausgenommen werden. Der Sklave erhält eine ständige und fixe Menge zum Lebensunterhalt; der Lohnarbeiter erhält sie nicht. Er muß versuchen, sich in dem einen Fall eine Lohnsteigerung zu sichern, schon um in dem andern wenigstens für die Lohnsenkung entschädigt zu sein. Wollte er sich damit bescheiden, den Willen, die Machtsprüche des Kapitalisten als ein dauerndes ökonomisches Gesetz über sich ergehn zu lassen, so würde ihm alles Elend des Sklaven ohne die gesicherte Existenz des Sklaven zuteil.

5. In allen Fällen, die ich einer Betrachtung unterzogen habe — und sie machen 99 vom Hundert aus —, habt ihr gesehn, daß ein Ringen um Lohnsteigerung nur als Nachspiel *vorhergehender* Veränderungen vor sich geht und das notwendige Ergebnis ist von vorhergehenden Veränderungen im Betrag der Produktion, der Produktivkraft der Arbeit, des Werts der Arbeit, des Werts des Geldes, der Dauer oder der Intensität der ausgepreßten Arbeit, der Fluktuationen der Marktpreise, abhängend von den Fluktuationen von Nachfrage und Zufuhr und übereinstimmend mit den verschiednen Phasen des industriellen Zyklus — kurz, als Abwehraktion der Arbeit gegen die vorhergehende Aktion des Kapitals. Indem ihr das Ringen um eine Lohnsteigerung unabhängig von allen diesen Umständen nehmt, indem ihr nur auf die Lohnänderungen achtet und alle andern Veränderungen, aus denen sie hervorgehn, außer acht laßt, geht ihr von einer falschen Voraussetzung aus, um bei falschen Folgerungen anzulangen.

XIV. Der Kampf zwischen Kapital und Arbeit und seine Resultate

1. Nachdem wir gezeigt, daß der periodische Widerstand der Arbeiter gegen eine Lohnherabsetzung und ihre periodisch sich wiederholenden Versuche, eine Lohnsteigerung durchzusetzen, untrennbar sind vom Lohnsystem und eine gebieterische Folge eben der Tatsache sind, daß die Arbeit in die Kategorie der Waren versetzt und daher den Gesetzen unterworfen ist, die die allgemeine Bewegung der Preise regulieren; nachdem wir ferner gezeigt, daß eine allgemeine Lohnsteigerung ein Fallen der allgemeinen Profitrate zur Folge haben, nicht aber die Durchschnittspreise der Waren oder ihre Werte beeinflussen würde, erhebt sich nun schließlich die Frage, inwiefern in diesem unaufhörlichen Ringen zwischen Kapital und Arbeit letztere Aussicht auf Erfolg hat.

Ich könnte mit einer Verallgemeinerung antworten und sagen, daß wie bei allen andern Waren so auch bei der Arbeit ihr *Marktpreis* sich auf die Dauer ihrem *Wert* anpassen wird; daß daher der Arbeiter, was er auch tun möge, trotz aller Auf- und Abbewegungen, im Durchschnitt nur den Wert seiner Arbeit erhielte, der sich in den Wert seiner Arbeitskraft auflöst, bestimmt durch den Wert der zu ihrer Erhaltung und Reproduktion erheischten Lebensmittel, deren Wert in letzter Instanz reguliert wird durch das zu ihrer Produktion erforderliche Arbeitsquantum.

Allein es gibt gewisse eigentümliche Merkmale, die den *Wert der Arbeitskraft* oder den *Wert der Arbeit* vor dem Wert aller andern Waren auszeichnen. Der Wert der Arbeitskraft wird aus zwei Elementen gebildet — einem rein physischen und einem historischen oder gesellschaftlichen. Seine *äußerste Grenze* ist durch das *physische* Element bestimmt, d. h. um sich zu erhalten und zu reproduzieren, um ihre physische Existenz auf die Dauer sicherzustellen, muß die Arbeiterklasse die zum Leben und zur Fortpflanzung absolut unentbehrlichen Lebensmittel erhalten. Der *Wert* dieser unentbehrlichen Lebensmittel bildet daher die äußerste Grenze des *Werts der Arbeit*. Anderseits ist die Länge des Arbeitstags ebenfalls durch äußerste, obgleich sehr elastische Schranken begrenzt. Ihre äußerste Grenze ist gegeben mit der Körperkraft des Arbeiters. Wenn die tägliche Erschöpfung seiner Lebenskraft einen bestimmten Grad überschreitet, kann sie nicht immer wieder aufs neue, tagaus tagein, angespannt werden. Indes ist, wie gesagt, diese Grenze sehr elastisch. Eine rasche Folge schwächlicher und kurzlebiger Generationen wird den Arbeitsmarkt ebenso gut mit Zufuhr versorgen, wie eine Reihe robuster und langlebiger Generationen.

Außer durch dies rein physische Element ist der Wert der Arbeit in jedem Land bestimmt durch einen *traditionellen Lebensstandard*. Er betrifft nicht das rein physische Leben, sondern die Befriedigung bestimmter Bedürfnisse, entspringend aus den gesellschaftlichen Verhältnissen, worein die Menschen gestellt sind und unter denen sie aufwachsen. Der englische Lebensstandard kann auf den irischen Standard herabgedrückt werden; der Lebensstandard eines deutschen Bauern auf den eines livländischen. Welche bedeutende Rolle in dieser Beziehung historische Tradition und gesellschaftliche Gewohnheit spielen, könnt ihr aus Thorntons Werk von der „Overpopulation" (Übervölkerung) ersehn, wo er nachweist, daß der Durchschnittslohn in verschiednen Ackerbaudistrikten Englands noch heutigentags mehr oder weniger bedeutende Unterschiede aufweist je nach den mehr oder minder günstigen Umständen, unter denen die Distrikte aus dem Zustand der Hörigkeit herausgekommen sind.

Dies historische oder gesellschaftliche Element, das in den Wert der Arbeit eingeht, kann gestärkt oder geschwächt, ja ganz ausgelöscht werden, so daß nichts übrigbleibt als die *physische Grenze*. Während der Zeit des *Antijakobinerkriegs*, unternommen, wie der alte George Rose, dieser unverbesserliche Nutznießer der Steuern und Sinekuren, zu sagen pflegte, um die Tröstungen unsrer heiligen Religion vor den Übergriffen der französischen Ungläubigen zu schützen, drückten die ehrenwerten englischen Pächter, die in einer unsrer frühern Zusammenkünfte so zart angefaßt worden sind, die Löhne der Landarbeiter selbst unter jenes *rein physische Minimum*, ließen aber den für die physische Fortdauer des Geschlechts notwendigen Rest vermittelst der *Armengesetze* aufbringen. Dies war eine glorreiche Manier, den Lohnarbeiter in einen Sklaven und Shakespeares stolzen Freisassen in einen Pauper zu verwandeln.

Vergleicht ihr die Standardlöhne oder Werte der Arbeit in verschiednen Ländern und vergleicht ihr sie in verschiednen Geschichtsepochen desselben Landes, so werdet ihr finden, daß der *Wert der Arbeit* selber keine fixe, sondern eine variable Größe ist, selbst die Werte aller andern Waren als gleichbleibend unterstellt.

Ein ähnlicher Vergleich würde zeigen, daß nicht bloß die *Marktraten des Profits*, sondern auch seine *Durchschnitts*raten sich ändern.

Was aber die *Profite* angeht, so gibt es kein Gesetz, das ihr *Minimum* bestimmte. Wir können nicht sagen, was die äußerste Grenze ihrer Abnahme sei. Und warum können wir diese Grenze nicht feststellen? Weil wir, obgleich wir das *Minimum* der Arbeitslöhne feststellen können, nicht ihr *Maximum* feststellen können. Wir können nur sagen, daß mit gegebnen Grenzen des Arbeitstags das *Maximum des Profits* dem *physischen Minimum* des *Arbeitslohns* entspricht; und daß mit gegebnem Arbeitslohn das *Maximum des Profits* einer solchen Verlängerung des Arbeitstags entspricht, wie sie mit den Körperkräften des Arbeiters verträglich ist. Das Maximum des Profits ist daher begrenzt durch das physische Minimum des Arbeitslohns und das physische Maximum des Arbeitstags. Es ist klar, daß zwischen den beiden Grenzen dieser *Maximalprofitrate* eine unendliche Stufenleiter von Variationen möglich ist. Die Fixierung ihres faktischen Grads erfolgt nur durch das unaufhörliche Ringen zwischen Kapital und Arbeit, indem der Kapitalist ständig danach strebt, den Arbeitslohn auf sein physisches Minimum zu reduzieren und den Arbeitstag bis zu seinem physischen Maximum auszudehnen, während der Arbeiter ständig in der entgegengesetzten Richtung drückt.

Die Frage löst sich auf in die Frage nach dem Kräfteverhältnis der Kämpfenden.

2. Was die *Beschränkung des Arbeitstags* angeht, in England wie in allen andern Ländern, so ist sie nie anders als durch *legislative Einmischung* erfolgt. Ohne den ständigen Druck der Arbeiter von außen hätte diese Einmischung nie stattgefunden. Jedenfalls aber war das Resultat nicht durch private Vereinbarung zwischen Arbeitern und Kapitalisten zu erreichen. Eben diese Notwendigkeit *allgemeiner politischer Aktion* liefert den Beweis, daß in seiner rein ökonomischen Aktion das Kapital der stärkere Teil ist.

Was die *Grenzen* des *Werts der Arbeit* angeht, so hängt seine faktische Festsetzung immer von Angebot und Nachfrage ab, ich meine die Nachfrage nach Arbeit von seiten des Kapitals und das Angebot von Arbeit durch die Arbeiter. In Kolonialländern begünstigt das Gesetz von Angebot und Nachfrage den Arbeiter. Daher der relativ hohe Lohnstandard in den Vereinigten Staaten. Das Kapital kann dort sein Äußerstes versuchen. Es kann nicht verhindern, daß der Arbeitsmarkt ständig entvölkert wird durch die ständige Verwandlung von Lohnarbeitern in unabhängige, selbstwirtschaftende Bauern. Die Tätigkeit eines Lohnarbeiters ist für einen sehr großen Teil des amerikanischen Volks nur eine Probezeit, die sie sicher sind über kurz oder lang abzumachen.[1] Um diesem Stand der

---

[1] Im „Kapital" (Dietz Verlag, Berlin 1947, Bd. I, S. 804, Anm. 253 zum 25. Kapitel: „Die moderne Kolonisationstheorie") schreibt Marx: „Es handelt sich hier um *wirkliche Kolonien*, jungfräulichen Boden, der durch freie Einwanderer kolonisiert wird. Die Vereinigten Staaten sind, ökonomisch gesprochen, immer noch Kolonialland Europas. Übrigens gehören

Dinge in den Kolonien abzuhelfen, machte sich die väterliche britische Regierung eine Zeitlang das zu eigen, was die moderne Kolonisationstheorie genannt wird, die darin besteht, den Preis des Kolonialbodens künstlich hochzuschrauben, um die allzu rasche Verwandlung des Lohnarbeiters in den unabhängigen Bauern zu verhindern.

Aber wenden wir uns nun den altzivilisierten Ländern zu, in denen das Kapital den ganzen Produktionsprozeß beherrscht. Nehmt z. B. das Steigen der Landarbeiterlöhne in England von 1849 bis 1859. Was war seine Folge? Weder konnten die Pächter, wie unser Freund Weston ihnen geraten haben würde, den Wert des Weizens, noch auch nur seine Marktpreise erhöhn. Sie hatten sich vielmehr mit ihrem Fallen abzufinden. Aber während dieser elf Jahre führten sie allerlei Maschinerie ein, wandten wissenschaftlichere Methoden an, verwandelten einen Teil des Ackerlandes in Viehweide, erweiterten den Umfang der Pachtungen und damit die Stufenleiter der Produktion, und da sie durch diese und andre Prozeduren die Nachfrage nach Arbeit verringerten, indem sie deren Produktivkraft steigerten, machten sie die ländliche Bevölkerung wieder relativ überflüssig. Das ist in altbesiedelten Ländern allgemein die Methode, wie eine raschere oder langsamere Reaktion des Kapitals auf eine Lohnsteigerung vor sich geht. Ricardo hat richtig bemerkt, daß die Maschinerie ständig mit der Arbeit konkurriert und oft nur eingeführt werden kann, wenn der Preis der Arbeit eine bestimmte Höhe erreicht hat, doch ist die Anwendung von Maschinerie bloß eine der vielen Methoden, die Produktivkraft der Arbeit zu steigern. Genau dieselbe Entwicklung, die die ungelernte Arbeit relativ überflüssig macht, vereinfacht anderseits die gelernte Arbeit und entwertet sie so.

---

auch solche alten Pflanzungen hierher, wo die Aufhebung der Sklaverei die Verhältnisse gänzlich umgewälzt hat." Seitdem der Boden in den Kolonien überall als Privateigentum annektiert ist, ist die Verwandlung von Lohnarbeitern in selbständige Produzenten unmöglich geworden. *Die Red.*

Das gleiche Gesetz findet sich noch in andrer Form. Mit der Entwicklung der Produktivkraft der Arbeit wird die Akkumulation des Kapitals beschleunigt, selbst trotz einer relativ hohen Lohnrate. Hieraus könnte man schließen, wie Adam Smith, zu dessen Zeit die moderne Industrie noch in den Kinderschuhen steckte, wirklich schloß, daß diese beschleunigte Akkumulation des Kapitals die Waagschale zugunsten des Arbeiters neigen müßte, indem sie ihm eine wachsende Nachfrage nach seiner Arbeit sichert. Von demselben Standpunkt haben viele jetzt lebende Schriftsteller sich darüber gewundert, daß, da das englische Kapital in den letzten zwanzig Jahren soviel rascher als die englische Bevölkerung gewachsen ist, der Arbeitslohn nicht bedeutender gestiegen sei. Allein gleichzeitig mit dem Fortschritt der Akkumulation findet eine *fortschreitende Veränderung* in der *Zusammensetzung des Kapitals* statt. Der Teil des Gesamtkapitals, der aus fixem Kapital, Maschinerie, Rohstoffen, Produktionsmitteln in allen erdenklichen Formen besteht, nimmt stärker zu, verglichen mit dem andern Teil des Kapitals, der in Arbeitslohn oder im Ankauf von Arbeit ausgelegt wird. Dies Gesetz ist mehr oder weniger präzis festgestellt worden von Barton, Ricardo, Sismondi, Professor Richard Jones, Professor Ramsay, Cherbuliez u. a.

Wenn das Verhältnis dieser beiden Elemente des Kapitals ursprünglich 1 : 1 war, so wird es im Fortschritt der Industrie 5 : 1 usw. werden. Wenn von einem Gesamtkapital von 600 in Instrumenten, Rohstoffen usw. 300, und 300 in Arbeitslohn ausgelegt ist, so braucht das Gesamtkapital nur verdoppelt zu werden, um eine Nachfrage nach 600 Arbeitern statt nach 300 zu schaffen. Ist aber von einem Kapital von 600 in Maschinerie, Materialien usw. 500 und nur 100 in Arbeitslohn ausgelegt, so muß dasselbe Kapital von 600 auf 3600 anwachsen, um eine Nachfrage nach 600 Arbeitern wie im vorigen Fall zu schaffen. Im Fortschritt der Industrie hält daher die Nachfrage nach Arbeit nicht Schritt mit der Akkumulation des Kapitals. Sie wird zwar noch wachsen, aber in ständig abnehmender Proportion verglichen mit der Vergrößerung des Kapitals.

Diese wenigen Andeutungen werden genügen, um zu zeigen, daß die ganze Entwicklung der modernen Industrie die Waagschale immer mehr zugunsten des Kapitalisten und gegen den Arbeiter neigen muß, und daß es folglich die allgemeine Tendenz der kapitalistischen Produktion ist, den durchschnittlichen Lohnstandard nicht zu heben, sondern zu senken oder den *Wert der Arbeit* mehr oder weniger bis zu seiner *Minimalgrenze* zu drücken. Da nun die Tendenz der *Dinge* in diesem System solcher Natur ist, besagt das etwa, daß die Arbeiterklasse auf ihren Widerstand gegen die Gewalttaten des Kapitals verzichten und ihre Versuche aufgeben soll, die gelegentlichen Chancen zur vorübergehenden Besserung ihrer Lage auf die bestmögliche Weise auszunutzen? Täte sie das, sie würde degradiert werden zu einer unterschiedslosen Masse ruinierter armer Teufel, denen keine Erlösung mehr hilft. Ich glaube nachgewiesen zu haben, daß ihre Kämpfe um den Lohnstandard von dem ganzen Lohnsystem unzertrennliche Begleiterscheinungen sind, daß in 99 Fällen von 100 ihre Anstrengungen, den Arbeitslohn zu heben, bloß Anstrengungen zur Behauptung des gegebnen Werts der Arbeit sind und daß die Notwendigkeit, mit dem Kapitalisten um ihren Preis zu markten, der Bedingung inhärent ist, sich selbst als Ware feilbieten zu müssen. Würden sie in ihren tagtäglichen Zusammenstößen mit dem Kapital feige nachgeben, sie würden sich selbst unweigerlich der Fähigkeit berauben, irgendeine umfassendere Bewegung ins Werk zu setzen.

Gleichzeitig, und ganz unabhängig von der allgemeinen Fron, die das Lohnsystem einschließt, sollte die Arbeiterklasse die endgültige Wirksamkeit dieser tagtäglichen Kämpfe nicht überschätzen. Sie sollte nicht vergessen, daß sie gegen Wirkungen kämpft, nicht aber gegen die Ursachen dieser Wirkungen; daß sie zwar die Abwärtsbewegung verlangsamt, nicht aber ihre Richtung ändert; daß sie Palliativmittel anwendet, die das

Übel nicht kurieren. Sie sollte daher nicht ausschließlich in diesem unvermeidlichen Kleinkrieg aufgehen, der aus den nie enden wollenden Gewalttaten des Kapitals oder aus den Marktschwankungen unaufhörlich hervorgeht. Sie sollte begreifen, daß das gegenwärtige System bei all dem Elend, das es über sie verhängt, zugleich schwanger geht mit den *materiellen Bedingungen* und den gesellschaftlichen Formen, die für eine ökonomische Umgestaltung der Gesellschaft notwendig sind. Statt des *konservativen* Mottos: „*Ein gerechter Tagelohn für ein gerechtes Tagewerk!*", sollte sie auf ihr Banner die *revolutionäre* Losung schreiben: „*Nieder mit dem Lohnsystem!*"

Nach dieser sehr langen und, wie ich fürchte, ermüdenden Auseinandersetzung, auf die ich mich einlassen mußte, um dem zur Debatte stehenden Gegenstand einigermaßen gerecht zu werden, möchte ich mit dem Vorschlag schließen, folgende Beschlüsse anzunehmen:

Erstens. Eine allgemeine Steigerung der Lohnrate würde auf ein Fallen der allgemeinen Profitrate hinauslaufen, ohne jedoch, allgemein gesprochen, die Warenpreise zu beeinflussen.

Zweitens. Die allgemeine Tendenz der kapitalistischen Produktion geht dahin, den durchschnittlichen Lohnstandard nicht zu heben, sondern zu senken.

Drittens. Gewerkschaften tun gute Dienste als Sammelpunkte des Widerstands gegen die Gewalttaten des Kapitals. Sie verfehlen ihren Zweck zum Teil, sobald sie von ihrer Macht einen unsachgemäßen Gebrauch machen. Sie verfehlen ihren Zweck gänzlich, sobald sie sich darauf beschränken, einen Kleinkrieg gegen die Wirkungen des bestehenden Systems zu führen, statt gleichzeitig zu versuchen, es zu ändern, statt ihre organisierten Kräfte zu gebrauchen als einen Hebel zur schließlichen Befreiung der Arbeiterklasse, d. h. zur endgültigen Abschaffung des Lohnsystems.

FREMDWORTERKLÄRUNG

absolut unbedingt, unumschränkt
absorbieren aufsaugen, aufzehren, voll in Anspruch nehmen
abstrakt begrifflich, allgemein, nur gedacht
affizieren berühren, beeinflussen
Agenzien Triebkräfte, wirkende Kräfte
Agrikultur Ackerbau, Landwirtschaft
Akkumulation Anhäufung; A. von Kapital: „Anwendung von Mehrwert als Kapital oder Rückverwandlung von Mehrwert in Kapital" (Marx)
Aktion Handeln, Tätigkeit, Maßnahme
aliquot in eine Gesamtheit ohne Rest aufgehend
analysieren zergliedernd untersuchen
Annalen Jahrbücher, Geschichtswerke
anonym namenlos, ungenannt
Äquivalent Gleichwertiges, Gegenwert
Argument Beweisgrund, Beweismittel
Assoziation Genossenschaft, Vereinigung, Verbindung
authentisch echt, zuverlässig, glaubwürdig

Basis Grundlage
Bill im englischen Parlament eingebrachter Gesetzentwurf
Bourgeoisie Bürgertum; politisch-ökonomisch: die herrschende Klasse in der kapitalistischen Gesellschaftsordnung
Bushel englisches und nordamerikanisches Getreidemaß = 35,24 Liter

Degradation Erniedrigung, Herabsetzung (im Rang)
degradieren erniedrigen, herabsetzen (im Rang)

deklamieren kunstgerecht vortragen, Phrasen machen
diametral in Richtung des Durchmessers, gerade gegenüber, völlig entgegengesetzt
Differenz Unterschied, Rest
Dilemma Klemme, Notwendigkeit der Wahl zwischen zwei Übeln
Distribution Verteilung
Distrikt Bezirk
Dividende Gewinn(anteil)
Dogma Glaubenssatz, starrer Lehrsatz
Doktrin Lehre

elastisch dehnbar
empirisch erfahrungsgemäß, auf der unmittelbar gegebenen Tatsache beruhend
Epidemie Seuche
Essay Versuch, kurze Abhandlung wissenschaftlichen oder literarischen Inhalts
exoterisch äußerlich, für Uneingeweihte bestimmt, öffentlich, gemeinfaßlich (Gegensatz: esoterisch)
Exploitation Ausbeutung
Expropriation Enteignung

faktisch tatsächlich
Finalität Zielstrebigkeit, Zweckbestimmtheit
fix fest, feststehend
fixiert festgehalten, festgemacht
Fixität Bestimmtheit, Beständigkeit
Fluktuation Zu- und Abströmen, Schwankung
Fonds Geldvorrat, Bestand

Generation Geschlecht, Altersklasse
geometrisch zur Raumlehre gehörig
gravitieren zu etwas (einem Schwer- oder Mittelpunkt) hinneigen

historisch geschichtlich
homogen gleichartig, gleichmäßig zusammengesetzt

identisch wesensgleich, gleichbedeutend, völlig gleich
Ignorant Unwissender
illustrieren veranschaulichen, bildlich darstellen
imaginär nur vorgestellt, unwirklich, nur in der Einbildung vorhanden
Improvisation Dichten oder Reden aus dem Stegreif
Inauguraladresse Einweihungsschrift
inhärent anhaftend, innewohnend
Instinkt von der Verstandestätigkeit unabhängiger Trieb, für die Erhaltung des Einzelwesens und der Gattung förderliche Handlungen vorzunehmen; Naturtrieb
Intensität Grad der Wirksamkeit und Stärke, Anspannung der inneren Kräfte
irrational vernunftwidrig, unvernünftig, durch den Verstand nicht erfaßbar

Kategorie Hauptgruppe von Dingen, Grundbegriff, Gattung
Kombination Verbindung, Zusammenstellung, Berechnung
kommerziell kaufmännisch, auf den Handel bezüglich
Kommunikation Verkehr, Verbindung
kompensieren ausgleichen, ersetzen, gegeneinander aufheben
Konkurrenz Wettbewerb, „Die Art und Weise, wie die immanenten Gesetze der kapitalistischen Produktion in der äußeren Bewegung der Kapitale erscheinen... und als treibende Motive dem individuellen Kapitalisten zum Bewußtsein kommen" (Marx)
konkurrieren wettbewerben, wetteifern, zusammentreffen
konservativ bewahrend, erhaltend, für die Erhaltung des Bestehenden, daher meist fortschrittsfeindlich und reaktionär

konstant beständig, gleichbleibend
konstituieren festsetzen, bestimmen, bilden
Konsum Verbrauch, Verzehr
Konsument Verbraucher
konsumieren verbrauchen, verzehren
Konsumtion Verbrauch, Verzehr
Kontinent Welt- oder Erdteil, hier: das europäische Festland, im Gegensatz zu Großbritannien
Kontrakt Vertrag, Vertragsurkunde
Kontraktion Zusammenziehung
konventionell auf Übereinkunft beruhend, herkömmlich
Konzentration Zusammenziehung um ein Zentrum, Zusammenballung, K. des Kapitals: „beruht unmittelbar auf der Akkumulation oder ist vielmehr mit ihr identisch..., ist beschränkt durch den Wachstumsgrad des gesellschaftlichen Reichtums" (Marx)
kooperieren zusammenwirken, namentlich im Sinne der gesellschaftlichen und genossenschaftlichen Arbeit
korrelativ in wechselseitiger Beziehung stehend
Krise Wendepunkt, gefährliche, schwierige Lage, Wirtschaftskrisen: periodisch sich wiederholende Ausbrüche der Widersprüche im Kapitalismus. Kennzeichen: Absatzstockung, Einschränkung der Erzeugung, Arbeitslosigkeit, Konkurse
Kristallisation Kristallform, Kristallbildung, Reindarstellung
kristallisieren Kristallform haben oder annehmen, in reinster und dichtester Form herausbilden

legislativ gesetzgeberisch, zur Gesetzgebung gehörig
logisch richtig gedacht, vernünftig

Marotte Grille, Steckenpferd
maximal höchst, äußerst
Maximum das Höchste, höchster Preis
Mechanismus Getriebe, künstliche Verrichtung, Ablauf

Methode planmäßiges Verfahren, Lehrweise, Plan, Absicht
Mine Bergwerk
Minimum das Geringste, Mindeste, niedrigster Preis
Modifikation Abänderung, Beschränkung
Monopol ausschl. Recht der Herstellung, Ausnützung oder des Handels einer Ware oder Sache; Alleinbesitz

negativ verneinend
Niveau Höhenstand, Stufe
numerisch zahlenmäßig

Ökonom Volkswirtschaftler
Ökonomie (politische) Volkswirtschaftslehre
Orgie Ausschweifung
originell ursprünglich, schöpferisch, eigenartig
Oszillation Schwingung, Schwankung
oszillieren schwingen, schwanken

Palliativmittel linderndes Mittel, das nur die Anzeichen einer Krankheit, nicht aber die Krankheit selbst und ihre Ursache beseitigt
Pamphlet Flugschrift
paradox widersinnig, ungewöhnlich, sonderbar
Paradoxon von der allgemeinen Meinung Abweichendes, scheinbarer Widersinn, Widerspruch
Patrizier Mitglieder der politisch bevorrechteten Adelsfamilien im alten Rom, die, im Besitz der Staatsmacht, als Herren des Gemeindelandes und Wucherer die Plebejer ausbeuteten
Pauperismus Massenarmut, Massenelend als zwangsläufiges Produkt der Akkumulation des Kapitals
phänomenal in Erscheinung tretend
Phase, Zeitabschnitt, Wechsel, Wandlung
physisch körperlich, natürlich
Plebejer Bezeichnung für die Angehörigen der römischen Plebs, die von den höheren Staatsämtern und von der Benutzung der Staatsländereien ausgeschlossen waren,

aber die Last des Kriegsdienstes und die Steuern tragen mußten; das niedere Volk im Gegensatz zu den Aristokraten
populär volkstümlich, gemeinverständlich
positiv bejahend, bestimmt
Prämisse Voraussetzung, Vordersatz eines logischen Schlusses
präzis genau, pünktlich
Prinzip Grundsatz, leitender Gesichtspunkt
Produkt Erzeugnis, Ware, Ergebnis
Produktion Erzeugung, Herstellung
Produktivkraft Gesamtheit der Produktionsinstrumente und Menschen, „die diese Produktionsinstrumente in Bewegung setzen und die Produktion der materiellen Güter dank einer gewissen Produktionserfahrung und Arbeitsfertigkeit bewerkstelligen" (Stalin)
Produzent Hersteller, Erzeuger
produzieren herstellen, erzeugen, hervorbringen
Profit Nutzen, Gewinn
Proportion Verhältnis, Ebenmaß
Prosperität Gedeihen, Wohlstand, Blütezeit im industriellen Kreislauf

Qualität Beschaffenheit
Quanta Mengen
quantitativ mengenmäßig
Quantum Menge
Quarter englisches Maß = 290,79 Liter

Radikalismus folgerichtig bis zum Ende gehende, auch überspitzte, politische, religiöse usw. Richtung, Einstellung
räsonieren überlegen, schlußfolgern
Reaktion Rückwirkung, Rückschlag
real wirklich, tatsächlich, dringlich
realisieren verwirklichen, Wert aus der Warenform in Geld verwandeln, die Ware verkaufen
Reallohn wirklicher Wert des Lohnes im Verhältnis zu steigenden oder sinkenden Lebenshaltungskosten (Gegensatz: Nominallohn = Nennwert des Lohns)

reduzieren zurückführen, verringern, umwandeln
Regulator Regler, Ordner
relativ bedingt, verhältnismäßig (Gegensatz: absolut)
repräsentieren darstellen
Reproduktion Wiedererzeugung, Wiederhervorbringung
respektiv jedesmalig, jeweilig
Resultat Ergebnis
resultieren sich ergeben, folgen

Sovereign englische Goldmünze im Werte von 1 Pfund Sterling
spezifisch eigentümlich, einem Gegenstand seiner Eigenart nach zukommend
Sphäre Kreis, Bereich, Gebiet
Stagnation Stillstand, Stockung, Versumpfung
Substanz Grundstoff
subsumieren einbegreifen, unterordnen

Tautologie Erklärung eines Begriffs durch sich selbst oder durch gleichbedeutende Ausdrücke
tautologisch dasselbe besagend
Tendenz Streben, Richtung, Entwicklungsrichtung
theoretisch wissenschaftlich, rein gedanklich
Tradition Überlieferung, Herkommen
traditionell überlieferungsgemäß, herkömmlich
Transaktion Durchführung eines Geschäfts

Unze Gewicht = 28,3 g

variabel veränderlich
Variation Abwechslung, Abänderung

Yankee Spottname für die englischsprechenden Bewohner der Vereinigten Staaten

Zirkel Kreis, Kreislauf
Zirkulation Kreislauf, Umlauf
Zyklus, Zyklen Kreis, Kreislauf, Folge

NAMENVERZEICHNIS

Aveling, Edward (1851—1898) englischer Sozialist, Arzt und Naturforscher, Mann von Marx' Tochter Eleanor. 12

Aveling-Marx, Eleanor (1855–1898) Tochter von Karl Marx. 12

Bakunin, Michail Alexandrowitsch (1814—1876) 4

Barton, John englischer bürgerlicher Ökonom; verfaßte seine Schriften Ende des 18. Jahrh. 77

Beesly, Edward Spencer (1831–1915) Professor der Geschichte und politischen Ökonomie, radikaler kleinbürgerlicher Politiker, Präsident des Gründungskongresses der I. Internationale. 11

Cherbuliez, Antoine-Elisée (1797 bis 1869) Schweizer Ökonom, kleinbürgerlicher Kritiker des Kapitalismus. 77

Engels, Friedrich (1820—1895) 10—12

Franklin, Benjamin (1706—1790) amerikanischer Staatsmann und Gelehrter, Kämpfer für die Unabhängigkeit der Vereinigten Staaten von Amerika. 41

Harrison, William J. (1534—1593) englischer Historiker. 11

Hobbes, Thomas (1588—1679) englischer materialist. Philosoph. 49

Jones, Richard (1790—1855) englischer Ökonom. 77

Lassalle, Ferdinand (1825–1864) 4/5

Malthus, Thomas Robert (1766 bis 1834) englischer Bourgeoisökonom, Autor einer reaktionären Bevölkerungstheorie. 4

Marx, Karl (1818—1883) 5—12 23 75

Menenius, Agrippa, (gest. 494 v. u. Z.) römischer Patrizier. 17

Mill, John Stuart (1806—1873) englischer Philosoph und Ökonom. 11

Morton, John (1781—1864) englischer Agronom. 25

Newman, Francis William (1805 bis 1897) englischer Gelehrter und liberaler Publizist. 23

Newmarch, William (1820—1882) englischer Ökonom u. Statistiker. 23

Owen, Robert (1771—1858) 5 10 23

Ramsey, George (1800—1871) englischer Ökonom. 77

Ricardo, David (1772—1823) 37 77

Robespierre, Maximilien (1758 bis 1794) 23

Rose, George (1744–1818) englischer Konservativer, Finanzminister (1782/1783 und 1784—1801) 73

Senior, Nassau William (1790 bis 1864) englischer Vulgärökonom, Apologet des Kapitalismus. 22/23

Shakespeare, William (1564—1616) 74

Sismondi, Jean-Charles Sismonde de (1773—1842) Schweizer Ökonom, kleinbürgerlicher Kritiker des Kapitalismus. 77

Smith, Adam (1723—1790) 37 46 77

Thornton, William Thomas (1813 bis 1880) englischer Bourgeoisökonom, Anhänger John Stuart Mills. 73

Tooke, Thomas (1774—1858) englischer Ökonom und Statistiker. 23 47

Ure, Andrew (1778—1857) englischer Ökonom. 22/23

Urquhart, David (1805—1877) englischer Diplomat und Publizist; bekämpfte die Außenpolitik Palmerstons. 26

Weston, John, englischer Arbeiter, Anhänger Robert Owens, Mitglied des Generalrats der I. Internationale. 5 9—11 13—17 23 25—27 30—33 76

SACHREGISTER

Amerika 21 26 75
Angebot und Nachfrage 18/19 21 26/27 33/34 46/47 71 75
Arbeit 5 42/45 56/57 62/63 70
— gesellschaftliche A. 40–43 44—46
— notwendige A. und Mehrarbeit 6 53/54 57 67
— gesellschaftlich notwendige A. 44—46 49
— Lohnarbeit 52 55 59 71
Arbeiterbewegung 3/4 8/9 78/79
Arbeitskraft 5 48—51 68
— ihr Wert 50—56 64 72—75
Arbeitslohn 4 6 11 13—26 27—36 40—42 51—53 54 56 59 62 64—66 69 71 73—75 77/78
— Kampf der Arbeiter um Lohnsteigerung 13 15 22 64—71 77—79
— reeller und nomineller A. 13/14
— sein Minimum u. Maximum 74/75
— und Profit 19/20 21 34—36 62 74/75 79
Arbeitsmittel
— siehe *Produktionsinstrumente*
Arbeitstag 54 67—69 73—75
— Kampf der Arbeiter um seine Kürzung 67/68 74/75

Banken 28
Bürgerliche Gesellschaft 3
Bürgerliche Ökonomen 4 22/23 34—36

Deutsche Demokratische Republik 7/8
Dialektik
— im gesellschaftlichen Leben 50
Diktatur des Proletariats 7

England 21—26 28—31 43 67 76
— englisches Proletariat 29
— Kolonialpolitik Englands 75/76
— industrielles Monopol Englands 22
— Arbeiterbewegung in England
— siehe *Arbeiterbewegung*

Existenzmittel
— siehe *Lebensmittel*
Expropriation
— der Kleineigentümer 50

Frankreich 26
— Arbeiterbewegung in Frankreich
— siehe *Arbeiterbewegung*

Geld und Geldzirkulation 29/30 31/32
Gewerkschaften 4 6/7 79
— siehe auch *Trade Unions*
Grundrente 57—59

Industrie 69 77
„Internationale Arbeiterassoziation"
— siehe *Internationale, Erste*
Internationale, Erste 3/4 9/10 13

Kapital 7 58 59
— ursprüngliche Akkumulation 50
— seine organische Zusammensetzung 77
— konstantes und variables K. 60/61 77
— Akkumulation des Kapitals 77
— Konzentration des Kapitals 77
— und Lohnarbeit 49 52—54 58/59 71 74/75
Kapitalismus 3—7 77/78
— Monopolkapitalismus 7
Konkurrenz 6 36
Krisen 6 70

Lebensmittel 50/51 64—66 72/73
Leibeigenschaft 55/56

Maschinen 45 76
Mehrwert 5/6 52—54 57—61
— Rate des Mehrwerts 6 54

Ordnung
— antifaschistisch-demokratische O. 7
— volksdemokratische O. 7
Owenismus 5 10 23

85

Politik und politischer Kampf der Arbeiterklasse 74/75

Politische Ökonomie
— klassische 37 45—47 76/77

Preis 17—21 26/27 30/31 34—36 45—47 62/63 66 70/71

Produktion 6
— kapitalistische P. 53/54 57—60 70/71 77—79

Produktionsinstrumente 42/43 50 57/58

Produktivkräfte und Produktionsverhältnisse 14

Produktionsmittel 5 8

Profit 5/6 48 55 57—62 66 74/75
— Profitrate 6 17—21 35/36 70/71 74/75 79
— durchschnittlicher P. 56/57

Proletariat 77—79
— sein Kampf gegen die Bourgeoisie 3 78/79

Proletarische Revolution 50

Revolution
— soziale R. 4
— proletarische, sozialistische R. — siehe *Proletarische Revolution*

Rußland 26

Sklaverei 55
Sowjetunion 7/8
Sozialismus 4
Sozialistische Gesellschaft 3
Steuern 73/74

Teilung der Arbeit 39/40 44/45
Trade Unions 10 78/79

Überproduktion 70

Volksrepubliken 7/8

Ware 37—40
Wert 34 37—48 56/57 62/63 70/71
— Tauschwert 36 38—48
Wissenschaft 44/45

Zins 57—61

INHALT

Vorwort 3

Zur Geschichte der Schrift 10

    [Einleitendes] 13

    I. [Produktion und Löhne] 13

    II. [Produktion, Lohn, Profit] 16

   III. [Löhne und Geldumlauf] 27

   IV. [Angebot und Nachfrage] 32

    V. [Löhne und Preise] 34

   VI. [Wert und Arbeit] 38

 VII. Die Arbeitskraft 48

VIII. Die Produktion des Mehrwerts 52

   IX. Der Wert der Arbeit 54

    X. Profit wird gemacht durch Verkauf einer Ware zu ihrem Wert 56

   XI. Die verschiednen Teile, worein der Mehrwert zerfällt . 57

  XII. Das allgemeine Verhältnis zwischen Profiten, Arbeitslöhnen und Preisen 61

 XIII. Die hauptsächlichsten Versuche, den Arbeitslohn zu heben oder seinem Sinken entgegenzuwirken 64

 XIV. Der Kampf zwischen Kapital und Arbeit und seine Resultate 72

Fremdworterklärung 80

Namenverzeichnis 84

Sachregister 85

Kleine Bücherei des Marxismus-Leninismus

Bisher sind erschienen:

Karl Marx: Lohnarbeit und Kapital, 3. Auflage
64 Seiten, broschiert 0,60 DM

Karl Marx: Lohn, Preis und Profit, 4. Auflage
87 Seiten, broschiert 0,80 DM

Friedrich Engels: Anteil der Arbeit an der Menschwerdung des Affen, 2. Auflage
20 Seiten, broschiert 0,30 DM

Friedrich Engels: Artikel aus „The Labour Standard"
48 Seiten, broschiert 0,50 DM

Friedrich Engels: Deutsche Zustände
51 Seiten, broschiert 0,50 DM

Friedrich Engels: Die Entwicklung des Sozialismus von der Utopie zur Wissenschaft, 3. Auflage
136 Seiten, broschiert 1,— DM

Friedrich Engels: Ludwig Feuerbach und der Ausgang der klassischen deutschen Philosophie, Neuauflage
64 Seiten, broschiert etwa 0,80 DM

Friedrich Engels: Über den Verfall des Feudalismus und das Aufkommen der Bourgeoisie, 2. Auflage
15 Seiten, broschiert 0,20 DM

Friedrich Engels: Zur Geschichte der preußischen Bauern, 2. Auflage
16 Seiten, broschiert 0,20 DM

Friedrich Engels: Zur Wohnungsfrage
84 Seiten, broschiert 1,50 DM

W. I. Lenin: Brief an die amerikanischen Arbeiter
15 Seiten, broschiert 0,30 DM

W. I. Lenin: Briefe aus der Ferne — Erster Brief: Die erste Etappe der ersten Revolution
16 Seiten, broschiert 0,20 DM

W. I. Lenin: Der Imperialismus und die Spaltung des Sozialismus, 2. Aufl.
18 Seiten, broschiert 0,30 DM

W. I. Lenin: Der Opportunismus und der Zusammenbruch der II. Internationale
23 Seiten, broschiert 0,30 DM

W. I. Lenin: Die Aufgaben der russischen Sozialdemokraten
45 Seiten, broschiert 0,50 DM

W. I. Lenin: Die Lehren der Revolution
23 Seiten, broschiert 0,30 DM

W. I. Lenin: Die nächsten Aufgaben der Sowjetmacht
23 Seiten, broschiert 0,30 DM

W. I. Lenin: Die sozialistische Revolution und das Selbstbestimmungsrecht der Nationen
23 Seiten, broschiert 0,30 DM

DIETZ VERLAG BERLIN

Kleine Bücherei des Marxismus-Leninismus

Bisher sind erschienen:

W. I. Lenin: Karl Marx. Eine Einführung in den Marxismus, 6. Auflage
39 Seiten, broschiert 0,50 DM

W. I. Lenin: Kritische Bemerkungen zur nationalen Frage
48 Seiten, broschiert 0,50 DM

W. I. Lenin: Marxismus und Revisionismus 36 Seiten, broschiert 0,50 DM

W. I. Lenin: Über das Recht der Nationen auf Selbstbestimmung
88 Seiten, broschiert 0,80 DM

W. I. Lenin: Über den Staat, 2 Auflage 24 Seiten, broschiert 0,30 DM

W. I. Lenin: Über die internationale und die innere Lage der Sowjetrepublik 22 Seiten, broschiert 0,30 DM

W. I. Lenin: Werden die Bolschewiki die Staatsmacht behaupten?
71 Seiten, broschiert 0,50 DM

W. I. Lenin: Wie wir die Arbeiter- und Bauerninspektion reorganisie[illegible]

（此处原稿有损坏）

Lenin und *Stalin* über den Wettbewerb, 2. Auflage
107 Seiten, broschiert 0,80 DM

J. Stalin: Anarchismus oder Sozialismus? 79 Seiten, broschiert 1,— DM

J. Stalin: Die Klasse der Proletarier und die Partei der Proletarier
12 Seiten, broschiert 0,20 DM

J. Stalin: Die Oktoberrevolution und die Taktik der russischen Kommunisten 45 Seiten, broschiert 0,50 DM

J. Stalin: Die Partei, 2. Auflage 19 Seiten, broschiert 0,30 DM

J. Stalin: Kurze Darlegung der Meinungsverschiedenheiten in der Partei
42 Seiten, broschiert 0,40 DM

J. Stalin: Marxismus und nationale Frage 84 Seiten, broschiert 0,80 DM

J. Stalin: Partei und Arbeiterklasse im System der Diktatur des Proletariats, 2. Auflage 30 Seiten, broschiert 0,30 DM

DIETZ VERLAG BERLIN

PREIS 0,80 DM

Kleine Bücherei des Marxismus-Leninismus

Bisher sind erschienen:

J. Stalin: Politischer Bericht des Zentralkomitees an den
XVI. Parteitag der KPdSU(B)   152 Seiten, broschiert   1,20 DM

J. Stalin: Rechenschaftsbericht an den XVIII. Parteitag über die Arbeit
des ZK der KPdSU(B)   96 Seiten, broschiert   0,80 DM

J. Stalin: Rechenschaftsbericht an den XVII. Parteitag über die Arbeit
des ZK der KPdSU(B)   70 Seiten, broschiert   0,60 DM

J. Stalin: Über dialektischen und historischen Materialismus, 6. Auflage
     43 Seiten, broschiert   0,50 DM

J. Stalin: Über die Rote Armee, 2. Auflage   24 Seiten, broschiert   0,30 DM

J. Stalin: Über einige Fragen der Geschichte des Bolschewismus
     20 Seiten, broschiert   0,30 DM

J. Stalin: Über Selbstkritik   30 Seiten, broschiert   0,30 DM

J. Stalin: Welche Auffassung hat die Sozialdemokratie
von der nationalen Frage   26 Seiten, broschiert   0,30 DM

J. Stalin: Zum Marxismus in der Sprachwissenschaft   In Vorbereitung

M. I. Kalinin: Über die Arbeit Lenins „Was sind die ‚Volksfreunde' und
wie kämpfen sie gegen die Sozialdemokraten?"
     29 Seiten, broschiert   0,40 DM

Franz Mehring: Über den historischen Materialismus, 2. Auflage
     120 Seiten, broschiert   0,90 DM

A. Shdanow: Abänderungen am Statut der KPdSU(B)
Bericht auf dem XVIII. Parteitag   87 Seiten, broschiert   0,80 DM

A. Shdanow: Kritische Bemerkungen zu dem Buch G. F. Alexandrows:
„Geschichte der westeuropäischen Philosophie"
     38 Seiten, broschiert   0,40 DM

DIETZ VERLAG BERLIN